新时代

地方高校地理科学类专业人才培养体系重构与优化

卢　远　张建兵　麻春晓
梁玉莲　赵迎冬　汤传勇　◎著

XINSHIDAI DIFANG GAOXIAO DILI KEXUELEI ZHUANYE RENCAI PEIYANG TIXI CHONGGOU YU YOUHUA

中南大学出版社
www.csupress.com.cn
·长沙·

图书在版编目(CIP)数据

新时代地方高校地理科学类专业人才培养体系重构与优化／卢远等著. --长沙：中南大学出版社，2025.3.

ISBN 978-7-5487-6258-4

Ⅰ. K90

中国国家版本馆 CIP 数据核字第 20257Y2K95 号

新时代地方高校地理科学类专业人才培养体系重构与优化

XINSHIDAI DIFANG GAOXIAO DILI KEXUELEI ZHUANYE RENCAI PEIYANG TIXI CHONGGOU YU YOUHUA

卢　远　张建兵　麻春晓　梁玉莲　赵迎冬　汤传勇　著

□出 版 人　林绵优

□责任编辑　刘　莉

□责任印制　唐　曦

□出版发行　中南大学出版社

社址：长沙市麓山南路　　邮编：410083

发行科电话：0731-88876770　　传真：0731-88710482

□印　　装　广东虎彩云印刷有限公司

□开　　本　710 mm×1000 mm　1/16　□印张 11.25　□字数 195 千字

□版　　次　2025 年 3 月第 1 版　□印次 2025 年 3 月第 1 次印刷

□书　　号　ISBN 978-7-5487-6258-4

□定　　价　48.00 元

序

Preface

地理科学是人类认识地球表层系统、揭示人地关系时空演变规律的综合性学科。它横跨自然科学与社会科学，具有综合性、交叉性和区域性的特点，是人类知识宝库的重要组成部分，旨在“探索自然规律，昭示人文精华”。曾经，地理学工作者翻山越岭，为人类描绘山川，寻找资源，规划生产生活蓝图；现在，地理学工作者借助“3S”技术，刻画地球表层系统，服务人类高质量发展；未来，地理学工作者将在地理空间智能技术加持下，构建数字地球，支撑人类可持续发展。作为支撑国家战略的基石学科，地理科学的教育价值与社会责任愈发凸显。面向未来，社会不仅要求地理学科培养精通空间分析技术的专业人才，更需要塑造能够贯通“自然—经济—社会”复杂系统、具备战略思维与工程实践能力的复合型人才。

目前中国内地（不含港澳台）开设地理科学类本科专业的高校约300所，其中地方高校占比高达88%以上，是地理科学类专业设置和人才培养的主阵地。然而，地方高校在地理科学类专业教育教学过程中普遍面临诸多困惑和挑战，如专业培养目标与定位不明晰、课程设置与市场需求不匹配、师资能力与新工科不适应、实践教学与行业需求相脱节等问题。这些问题共同制约了学生复合实践能力与创新思维的发展，进而影响了人才的适应性和市场竞争力。

针对地理科学类专业面临的问题和挑战，南宁师范大学地理科学类专业教育教学改革课题组自2011年开始，以地理科学国家级特色专业建设为契机，从建立地理科学创新型、复合型人才培育系统入手，以培养方案、培养目标、毕业要求、课程体系、师资队伍和学科平台建设为抓手，对地理科学类专业培养模式进行系统性的改革和实践探索。通过确立“育人为本、通专融合、多元目标、全面发展”的人才培养新理念，深化多学科交融，追踪新需求、新技术、新业态的新动态，构建“地理+”复合交叉型课程体系；依托优势学科高地和平台，深化科教融合、产教融合，校地(企)共建多元化的协同育人平台，构筑“共建、共享、共进”育人支撑平台，形成“多目标、多主体、多平台”的协同育人机制；促进地理科学类专业的交叉融合与改造升级，达成地理科学复合型人才培养目标。

《新时代地方高校地理科学类专业人才培养体系重构与优化》一书是南宁师范大学地理科学类专业教育教学改革课题组十多年来围绕专业建设与人才培养模式，经过系统积累和总结形成的一系列成果，包括新时代中国地理科学类专业改革时代背景和人才培养现状分析、新时代“四新”建设背景下地方高校地理科学类复合型人才培养体系的重构、OBE教育理念引领下的地理科学类各专业培养模式改革与实践、深化科教产教融合的实验和实践教学体系重构、地理科学类复合应用型人才培养的课程建设和课程思政的探索与实践等。系列教改成果具有鲜明特色：一是理论研究与实践探索相结合，既剖析了“学科交叉融合不足”“实践教学虚化”等共性问题，又通过虚拟教研室建设、课程思政案例库建设等具体举措，提供了可操作的解决方案；二是政策呼应与前瞻引领兼备，紧扣“双一流”建设与新工科改革脉搏，提出“多目标、多主体、多平台”的协同育人机制；三是数据支撑与案例详实，基于掌上高考、软科排名等权威数据，客观分析专业布局现状。通过南宁师范大学“互联网+”大赛获奖案例、毕业生就业跟踪调查等实证材料，丰富了论证的实践案例。

该书是高校地理科学类专业建设研究总结的系统性成果，是一部集理论剖析与实践价值于一体的力作，为新时代地理学高等教育改革和专业建设创新提供了理论框架和实操指南，其研究成果与提供的实践经验对高校地理科学类专业建设和人才培养具有重要借鉴作用和参考价值。

国家教学名师、华东师范大学地理科学学院二级教授、
教育部高等教育地理科学类专业教学指导委员会副主任

前言

Foreword

地理学作为一门跨自然科学与社会科学的学科，老而弥新，经世致用，在人类知识体系中有重要的地位。新时代我国地理学仍面临良好的发展机遇，伴随生态文明、碳达峰碳中和、乡村振兴、国土空间规划、城乡一体化和区域高质量发展等重大决策部署的深入推进，对地理学专业高素质、复合型人才的需求将持续增加。地方高校是我国地理科学类专业人才培养的主阵地。目前地方高校地理科学类专业普遍存在专业培养目标与定位不明晰、课程设置与市场需求不匹配、人才培养供给与社会需求相脱节、学科交叉融合不畅、专业间壁垒森严、教学环节偏重理论传授而轻实践能力等问题，这些因素共同制约了学生复合实践能力与创新思维的发展，进而影响了人才的适应性和市场竞争力。

南宁师范大学地理科学类专业教育教学改革课题组自 2011 年开始，以地理科学国家级特色专业建设为契机，从建立地理科学创新人才培育系统入手，以培养方案、培养目标、毕业要求、课程体系、师资队伍和学科平台建设为抓手，对地理科学类专业培养模式进行系统性的改革和实践探索。课题组自 2016 年起启动地理科学专业师范认证(试点)工作，全面贯彻 OBE 理念，按照“逆向设计→正向施工”的流程持续修订专业培养方案，优化课程体系和课程教学内容；改革教学方式方法，完善人才培养质量评价制度，构建了以“一践行三学会”为导向的地理科学(师范)专业人才培养新模式。2018年课题组承担教育部首批新工科项目之一的“多方协同、理工融合的测绘地理信息人才培养模式探索与实践”。项目以新工科建设和“双一流”建设为引领，全面推进地理科学类应用型专业建设与人才培养的综合改革。以服务国家战略和区域发展为宗旨，立足产业行业需求，构建地理科学复合型人才专业群，调整优化各专业培养目标；以学生为中心、产出为导向，确立“育人为本、通专融合、多元目标、全面发展”人才培养新理念，优化专业人才培养模式；深化多学科交融，追踪新需求、新技术、新业态的新动态，构建“地理+”复合交叉型课程体系；依托优势学科高地和平台，深化科教融合、产教融合，校地(企)共建多元化的协同育人平台，构筑“共建、共享、共进”育人支撑平台，形成“多目标、多主体、多平台”的协同育人机制；促进地理科学类专业的交叉融合与改造升级，从而达成地理科学复合型人才培养目标。

南宁师范大学地理科学类专业综合改革取得显著成效。地理科学(师范)专业首批通过教育部师范专业二级认证，地理科学、土地资源管理2个专业入选国家级一流本科专业建设点；地理信息科学、人文地理与城乡规划等专业入选省级一流本科专业建设点；参加专业综合评估，1个专业获评五星级、2个专业获评四星级。获批教育部地理科学专业虚拟教研室，建成2门国家一流本科课程，2门课程入选省级课程思政示范课程；荣获广西高等教育教学成果奖5项，“大中合作”获得广西基础教育教学成果奖4项。专业影响力和竞争力显著提升，毕业生适应多种岗位的能力得到单位好评，学生课外作品和科研成果的数量与质量显著提高，近5年学生获中国国际“互联网+”大学生创新创业大赛国家银奖2项，获省级及以上竞赛奖项120余项。在软科中国最好学科排名中，南宁师范大学地理学科2023年、2024年连续两年以第17名位列前20%。综合改革主要创新如下：

(1)育人理念创新：确立“育人为本、通专融合、多元目标、全面发展”的人才培养新理念。坚持立德树人根本任务，聚焦学生全面发展，深化科教融合、产教融合，整合重组校内外优质育人资源和要素，构建新时代地理科学育人新格局；强化“四教融合”，全面推动专业人才培养模式改革，形成学科、专业、课程、师资、教学、科研和服务等多元要素融合的育人生态链，培养全面发展的时代新人。

(2)改革举措创新：对接教育强国、美丽中国等战略，深化地理、资源、环境、测绘等学科交融，打破学科专业壁垒，改造升级传统地理科学类专业，打造融合型地理科学类专业群；设计理、工、管多学科交融的“地理+”课程体系；校地(企)共建多元化的协同育人平台，构建以“四教融合”为特征的复合应用型人才培养新模式，引领“大地理”教育“质量革命”。

(3)培养模式创新：以“四新”建设为引领，构建价值塑造、学生中心、产出导向、能力培养的“四教融合”育人模式。强化课程思政、科研思政和实践思政，构建全员全过程全方位“三位一体”的思政教育体系。聚焦学生多元发展目标，深化多学科交融，采用模块化构建“地理+”跨学科交叉融合的课程体系，推动人才培养由“专才”向“通才”转变；实现由单一型人才向复合型人才的转型，有效破解地理科学类人才培养同质化问题。

本书共分12章，主要内容是南宁师范大学地理科学类专业教育教学改革课题组十多年来开展专业建设与人才培养模式综合改革取得的一系列成果的总结，包括新时代中国地理科学类专业改革时代背景和人才培养现状分析，新时代“四新”建设背景下地方高校地理科学类复合型人才培养体系的重构，OBE教育理念引领下的地理科学类各专业培养模式改革与实践，深化科教产教融合的实验和实践教学体系重构，地理科学类复合应用型人才培养的课程建设和课程思政的探索与实践等。

本书的出版得益于一系列本科教育教学改革工程项目和课题的支持：

(1)广西高等教育本科教学改革工程项目“地方高校特色专业创新人才培育系统的理论与实践研究——以地理科学专业为例”(2011JGB063)。

(2)教育部首批新工科研究与实践项目“多方协同、理工融合的测绘地理信息人才培养模式探索与实践”(地方院校组：20180189)。

（3）广西高等教育本科教学改革工程项目“一流专业建设目标下人文地理与城乡规划专业‘3+N’教学模块建设与实践”（2020JGB257）。

（4）广西高等教育本科教学改革工程项目“面向一流本科的地理科学类专业‘三融合’培养模式研究与实践”（2021JGA241）。

（5）广西高等教育本科教学改革工程项目“基于师范专业认证下的课程评价数据挖掘与指标体系构建——以《自然地理学概论》为例”（2021JGB248）。

最后，对所有为地理科学类专业综合改革做出贡献的教师和本书引用参考文献的作者表示衷心感谢！

由于地理科学类专业综合改革还处于持续探索与实践阶段，加之作者水平和能力有限，书中可能存在一些疏漏或不足，恳请广大读者批评指正。

卢远、张建兵等

2024 年 11 月 10 日

目录

Contents

第 1 章

新时代地理科学类专业改革时代背景

1.1 新时代高等教育的阶段性特征与挑战

党的十八大以来，我国高等教育与时代同行，建成了世界规模最大的高等教育体系，培育了一大批高素质专门人才，为民族振兴、经济建设、社会发展、科技进步发挥了极其重要的作用，高等教育事业取得历史性成就，发生格局性变化[1]。截至 2022 年，我国接受高等教育的人口达到 2.4 亿，新增劳动力平均受教育年限达 13.8 年，劳动力素质结构发生了重大变化，全民族素质得到稳步提高。通过“211 工程”“985 工程”和“双一流”建设计划，一批大学和一大批学科已经跻身世界先进水平，中国高等教育整体水平进入世界第一方阵。主动融入国家战略和行业发展，对接新发展格局调整优化学科专业布局，针对解决现实问题推进学科交叉融合，高等教育在育人方式、办学模式、管理体制、保障机制等方面不断创新，为建设世界重要人才中心和创新高地提供了有力支撑。根据 2023 年全国教育事业发展统计公报，截至 2023 年底，我国高校在学总规模 4763.19 万人，高等教育毛入学率从 2012 年的 30% 提高至 2023 年的 60.2%，提高了 30.2 个百分点，实现了历史性跨越，高等教育进入世界公认的普及化阶段。

进入新时代，我国社会主要矛盾已经转化为人民日益增长的美好生活需要和不平衡不充分的发展之间的矛盾[2]。我国高等教育发展的主要矛盾也由总量性矛盾发展变化为结构性矛盾，由关注数量到更加关注质量，由关注有学上到更加关注优质高等教育资源和个性化、多样化的需求[3]。高等教育的地位作用在变，正由原来对经济社会发展起支撑作用向支撑引领并重发展。高等教育从适应经济发展到引领经济发展，面临满足社会需求的挑战。但是，我国高等教育高质量发展仍受到教育供给制约，面临的最大矛盾是高等教育规模扩张与教育结构变化、提高教育质量的诉求等方面的冲突。从当前我国高等教育的结构、质量和效益来看，高等教育距离经济社会发展对其功能和作用的要求还有很大距离[4]。习近平总书记在党的十九大报告中指出："我国经济已由高速增长阶段转向高质量发展阶段""必须坚持质量第一、效益优先，以供给侧结构性改革为主线，推动经济发展质量变革、效率变革、动力变革""建设教育强国是中华民族伟大复兴的基础工程"。当前中国经济面临需求收缩、供给冲击、预期转弱的多重掣肘，高等教育供给结构和供给层次未能与需求的升级同频共振，增加了经济向高阶段跨越的难度，高质量发展模式成为必然。只有建设高质量高等教育体系、提升高等教育发展水平，适应中国式现代化建设对高素质人才、高质量智力、高水平科技的需求，增强国家核心竞争力，才能充分体现和彰显高等教育的战略地位和功能作用[5]。

1.2 新时代建设高水平本科教育的新要求

习近平总书记在党的十九大报告中指出"中国特色社会主义进入了新时代"。高质量发展成为新时代的发展主题，高等教育也进入了高质量发展新阶段。2018 年教育部颁布的《关于加快建设高水平本科教育全面提高人才培养能力的意见》[6]明确提出："本科生是高素质专门人才培养的最大群体，本科阶段是学生世界观、人生观、价值观形成的关键阶段，本科教育是提高高等教育质量的最重要基础""建设高等教育强国必须坚持'以本为本'"。高水平的本科教育是推进高等教育高质量发展的关键。2020 年 12 月，教育部高等教育司原司长吴岩撰文《构建高质量发展体系，建设高等教育强国》指出，要推动高等教育高质量发展，应抓好"四个质量"，其核心和根本是人才培养的高质量，并强调目前人才培养的中心地位和本科教学的基础地位仍不够牢靠；另一方面人才培养与经济社会发展之间也存在脱节[7]。新时代高校应抓住高等教育高质量发展的时代机遇，尊重人才培养的规律，结合自身的优势，形成有特色的本科人才培养模式，充分满足个体需求和社会发展需要，真正培养出德智体美劳全面发展的高质量人才。

本科人才的高质量培养是高等教育高质量发展的主要内容与重要体现，其内涵包括三个方面，即促进人的充分自由发展、彰显人才培养的特色以及满足未来社会对人才的需求[8]。当前我国本科人才培养普遍存在培养模式存在缺陷、培养特色不明显、人才培养不能充分满足社会与个体统一需求等突出问题，这些问题反映了我国本科人才培养总体“量大而质不高”的现实困境。我国本科人才高质量培养的发展思路应该是树立高质量培养理念、夯实高质量培养基石、彰显高质量培养亮点，以此筑牢本科人才的高质量培养体系，促进新时代高等教育的高质量发展。专业设置、课程体系、课堂教学与人才评价是本科人才培养的四个关键环节，是本科人才高质量培养的基石，是人才培养模式的主要构成[9]。创新本科人才培养模式应抓住高质量培养的本质内涵，就是从人才培养模式的专业设置、课程体系、课堂教学及人才评价四个关键环节出发，以学生为中心，重视人的充分自由发展，既要满足个体发展需求又要体现未来社会对引领性人才的需要。

1.3　新时代一流本科专业建设原则与路径

一流本科教育是一流大学建设的重要基础和基本特征，一流专业是一流本科教育的核心。2019 年 4 月，教育部办公厅发布《关于实施一流本科专业建设“双万计划”的通知》，全面实施“六卓越一拔尖”计划 2.0，启动一流本科专业建设“双万计划”，推动新工科、新医科、新农科、新文科建设，做强一流本科、建设一流专业、培养一流人才，全面振兴本科教育，提高高校人才培养能力，实现高等教育内涵式发展[10]。

1.3.1　一流本科专业建设原则

以习近平新时代中国特色社会主义思想为指导，全面贯彻党的教育方针，落实立德树人根本任务，坚持学生中心、产出导向、持续改进理念，主动对接国家经济社会发展需求，以培养党和人民信赖的一流人才为目标，加强内涵建设，深化教学改革，突出优势特色，开展分类建设，注重协调发展和产出导向。具体建设原则[11]如下。

(1)坚持内涵发展

专业内涵式发展更加注重学校内部管理要素及资源的调整及优化，主动对接经济社会发展需求，优化专业结构，完善课程体系，更新教学内容，改进教学方法，切实提高人才培养的目标达成度、社会适应度、条件保障度、质保有效度和结果满意度。

(2)突出示范引领

促进专业建设高质量发展，属于创新引领发展。一流专业建设面向各类高校、面向全部专业，对某一类或某一所高校来说，要通过对办学理念先进、办学特色鲜明和办学成果显著的专业进行分期、分批建设，充分发挥主干专业的引领示范作用，打造一流专业建设新高地，培育特色优势专业集群，提升服务区域经济社会发展能力。

(3)开展分类建设

“双一流”高校要率先建成一流专业，应用型本科高校要结合办学特色努力建设一流专业。结合不同学科专业特点、社会需求和发展定位进行分类建设，促进品牌专业和特色专业、重点专业与其他学科专业协同发展，推动专业建设质量达到一流水平。

(4)注重产出导向

建设一流本科专业要关注专业人才培养目标与社会需求的适应度、专业培养成效与培养目标的适应度、专业教学资源对人才培养的保障度、质量保障体系运行的有效度和社会对人才培养质量的满意度，强化产出导向，完善专业建设绩效考核机制，聚焦生源质量、课程体系、教学运行、质量监控及就业升学等关键环节和重要指标。

1.3.2　一流本科专业建设路径

(1) 更新教育教学理念

建设一流本科教育，需要树立符合时代要求、体现高等教育责任的教育教学理念[12]。第一，树立主动服务、面向未来的办学理念。一流本科教育要主动服务当前国家、经济、社会发展需要，而且要面向未来，满足国家未来需求，甚至引领经济社会和行业产业发展。第二，树立立德树人、以德为先的育人理念。一流本科教育培养的高素质人才，必须具有优秀的道德品质和政治觉悟，具有强烈的责任意识和家国情怀，能够以国家富强和民族复兴为己任。第三，要树立以学生为中心的教育教学理念。尊重学生的自我需求、兴趣爱好、特长潜力等个性，要坚持以学生的学习和成才为中心，最大限度地调动学生的学习积极性和潜能，鼓励学生主动学习、自主学习和合作学习。

(2) 建设一流的师资队伍

一流的师资队伍是一流本科教育、一流专业建设和一流人才培养的基本保障。首先，落实专业负责人制度是推进一流专业建设的关键，需要充分发挥专业负责人在专业建设和人才培养工作中的组织和引领作用[12]。其次，要着力加强师德师风建设，把师德师风作为教师素质评价的第一标准，遴选师德师风建设先进集体、先进个人，充分发挥榜样引领、典型示范作用。再次，要健全考核评价和激励机制，尊重学科差异，实施岗位分类管理、分类评价，推动教师多元化、差异化发展，构建一流的师资队伍，助力一流本科专业建设。教师队伍建设要围绕着一流本科人才培养的需要进行，既要重视教师个体的全方位培养和提高，更要注重团队建设。要着力避免教师只“培养”自己，而不重视“育人”的现象。

(3) 制定一流人才培养方案

人才培养方案是高校对一流本科人才培养提出的系统完整的具体要求和实施措施，是一流人才培养过程中要执行的主要文件。一流人才培养方案的制定需要遵循三项原则[12]：一是充分发挥本校的办学优势和特色，二是注重校内外利益相关多方合作协同育人，三是强调人才培养模式的改革创新。一流人才培养方案的制定要满足三方面要求：一是符合本专业的人才培养定位，二是以实现本专业一流人才培养目标为目标，三是全面落实本专业一流人才培养标准。一流人才培养方案应该具备三方面的特征：首先，满足多样化一流人才培养需要，即能够用同一方案培养出多种不同类型的一流本科人才；其次，适应大类专业的人才培养，即实施宽口径、跨学科模式培养一流本科人才，以扩大毕业生的适应面；最后，支持多方合作协同育人，即有利于本专业利益相关各方，包括学校、政府部门、行业企业、科研院所等密切配合、携手合作，共同培养一流本科人才。

(4)改革课程体系和教学内容

课程是人才培养方案落实培养标准的主体，是人才培养的核心要素，因此，要按照上述原则和要求开展课程体系改革和课程教学内容更新。课程体系改革要注重三点[13]：一是课程的多学科交叉，二是课程的综合化，三是课程的模块化。课程教学内容的更新要注重课程内容的有效性、稳定性、系统性和前沿性。一流人才培养课程体系需要具备三个特征：一是选修课所占比例足够大，给予学生充分的选课自由和空间；二是允许学生跨院系、跨校选课，为学生提供更为丰富的课程资源；三是专业教育课程的多样性和替代性，既能满足不同学生的个性化需求，又在课程间引入竞争机制，促进课程建设。推动学科交叉融合，促进理工结合、工工交叉、工文渗透，孕育产生交叉专业，推进跨院系、跨学科、跨专业培养工程人才。

(5)强化科教融合、产教协同育人

结合重大、重点科技计划任务，建立科教融合、相互促进的协同培养机制。推动国家级、省部级科研基地向本科生开放，为本科生参与科研创造条件，将最新科研成果及时转化为教育教学内容，以高水平科学研究支撑高质量本科人才培养。依托大学科技园、协同创新中心、工程研究中心、重点研究基地和学校科技成果，搭建学生科学实践和创新创业平台，推动高质量师生共创，增强学生创新意识和科研能力。

推进校企深度融合，加快发展新工科，探索以推动创新与产业发展为导向的工程教育新模式[14]。大力推动与行业部门、企业共同建设实践教育基地，切实加强实习过程管理，健全合作共赢、开放共享的实践育人机制。全面落实

“学生中心、产出导向、持续改进”的先进理念，面向全体学生，关注学习成效，建设质量文化，持续提升工程人才培养水平。在行业特色鲜明、与产业联系紧密的高校，面向产业急需建设与行业企业等共建共管的现代产业学院，以产业和技术发展的最新需求推动人才培养改革。

(6) 建立人才培养质量保障机制

建立一流人才培养质量保障机制的目的就是确保预期的人才培养目标和培养标准的实现，主要包括构成完整质量保障的各要素、各要素之间的相互关系以及协调这些关系的运行方式[15]。构成一流人才培养质量保障的诸要素包括组织和个人两方面：组织架构包括校院系教学委员会、学校教学督导组、各级教学管理部门等；个人包括校、院、系、专业各层级教学质量责任人及任课教师。质量保障各要素之间的相互关系主要由各要素各自承担的质量责任决定，如任课教师负责课程教学质量的具体责任，而教学管理部门负责教学过程质量监控和课程最终质量的评价等。质量管理文件往往规定了各要素各自承担的质量责任以及各要素之间协调配合以实现质量保障的运行方式。

1.4　新时代地理学科的发展趋势

进入 21 世纪以来，学科发展随着科学研究范式的进步发生了明显的改变，以物联网、大数据、云计算和人工智能等为代表的通用技术与科学相融合的学科研究范式得到快速发展，同时世界面临着全球环境变化与可持续发展的一系列问题。地理学及其分支学科的发展需要面向全球环境变化和可持续发展的需求，探索应用新技术、新方法，开展多要素多过程集成研究，发展并完善地理模型，模拟和预测环境变化与可持续发展，服务于国家重大需求和政府决策。

1.4.1　多学科交叉融合成为新潮流

地理学是自然科学、社会科学和技术科学交叉、汇合的产物，是综合性很强的学科，在当今的大科学体系中占有重要的位置，起着桥梁、交汇、贯通的作用，以地域为单元来探讨人口、资源、环境和社会经济发展的相互关系，揭示区域可持续发展的规律，要求加强地理学内部的交叉与融合[16]。对陆地表层系统的研究是地理学当前发展的重要领域，相关的学科还有生态学、环境科学等。其中地理学以陆地表层自然和人文要素以及由多要素构成的陆地表层系统为核心研究对象，并强调对其空间格局、演变过程和驱动机制的规律性研究[17]。生态学研究不仅关注生命系统本身，同时也关注影响生命系统的环境条件。环境科学不仅关注人造污染物质，同时也关注自然环境要素的人为影响过程，形成以研究对象聚集、方法各异的研究新格局[18]。新时期地理学研究议题变得更为综合和多元，吸引了广泛的学科参与，更强调多学科交叉、多部门参与，建设高质量的研究合作机制，共同设计、共同执行，共同应用。教育部新时代高等学校本科教育工作会议指出：为适应快速发展的社会经济，人才培养要适应新时代的新要求，全面加强专业或学科交叉融合。

1.4.2 新技术深度融入成为新趋势

新时期的现代地理学已与大数据、互联网、物联网、高性能计算等现代技术深度融合，并从交叉融合中受益，得到进一步发展[19]。遥感、物联网技术为地理学研究提供了海量的观测数据，互联网、移动互联网提供了大量人文活动行为数据，空间技术支撑地理学开展跨区域和全球问题的研究，高性能计算平台解决了地表过程海量地理网格单元的计算难题，为精细化地理时空分异规律的认识提供了技术基础[20]。大数据时代地理学研究体现出新的特点，包括：①地理大数据具有可扩展性，植入时空信息的大数据均可作为地理大数据进行挖掘分析；②新技术、新方法、新手段在地理研究中大量使用；③传输网络化、数据云端化、计算云端化和存储分布式等无处不在；④从传统的表观研究和定量化到数据深度挖掘和解决复杂关联。[21]借助大数据技术等的应用，地理学在全域、全景、全要素等分析预测和复杂环境解决方案、复杂因果关联等研究上极大地提高了能力，研究范围得到纵深拓展。

1.4.3 人地关系成为学科研究新前沿

人地关系及其变化是现代地理学研究的重要主题，也是当今社会经济发展面临的关键问题。随着人类活动对自然环境作用的不断增强，人类活动已逐渐成为驱动地表各类生态过程和环境演变的主要力量[22]。人类活动长期以来带给地表环境的累积压力，导致了人类赖以生存的森林、草原、河流、海洋生态系统健康程度持续下降、区域环境退化、污染与重大灾害多发频发等现实问题[23]。人与环境协同关系、自然要素相互制约关系、人文要素相互扰动关系已成为国际学术界关注的核心科学问题。为此，国际上设立了相应的研究计划，如美国科学基金会于 2001 年开展了自然与人类耦合系统动力学(Dynamics of Coupled Natural and Human Systems)研究计划(简称 CNH 计划)，2019 年推出 CNH 计划的升级版 CNH2：社会—环境系统动力学(Dynamics of Integrated Socio-Environmental Systems)研究计划。目前，国内学术界也聚焦这一领域开展系统研究。2019 年国家自然科学基金委启动“地表关键自然要素的协同演变及其与人文过程的耦合”重大项目，促使人地系统耦合研究与科技创新、学科交叉开始进入新阶段。但由于人地系统是多要素、多过程和多尺度构成的复杂系统，解析的方法论支撑尚显不足[24]。

1.4.4　需求牵引成为学科服务新使命

当今世界面临着全球环境变化与可持续发展的一系列问题，在中国现代化建设实践中，也有许多现实问题需要我们去解决，如西部开发与“一带一路”建设，农业生产潜力的发挥与提高，环境质量评价与预测，产业布局与区域规划，城镇化与乡村发展，自然灾害预测及防治，生态文明建设与国土整治，国家公园与自然保护区建设等[16]。当前中国基于创新、协调、绿色、开放、共享五大发展理念，以新时代城乡融合、美丽中国、生态文明建设，以及全球减贫、减灾与乡村振兴等重大战略为有力抓手，试图破解当前人民日益增长的美好生活需要和不平衡不充分的社会发展之间的矛盾[25]。随着“破四唯”的提出，未来的科学研究越来越强调科学研究对知识贡献和社会服务的有效性，瞄准国家需求调整科研方向，贡献有用知识、支撑人才培养和社会服务是未来的重要任务。地理学是支撑国家重大战略需求的综合性学科，通过地理学有效的创新知识供给，可满足“人类命运共同体”“山水林田湖草生命共同体”“区域高质量发展”“国土空间规划”以及“防灾减灾”等国家重大战略目标实现的科学技术支撑需求[24]。

1.5　新时代地理学科的社会价值

地理学作为一门跨自然科学与社会科学的学科，老而弥新，经世致用，在人类知识体系中有重要地位，是支撑国家经济社会发展的重要基础学科。地理学知识体系在服务国家可持续发展战略中发挥着至关重要的作用，特别是在全球可持续发展、生态文明建设、国土空间规划、城乡一体化及地缘政治、“一带一路”倡议、构建人类命运共同体等重大问题的探索和认识上，独具特色。新时代迫切需要地理学提供系统的理论、方法和技术支持。

1.5.1　作为教学科目提供育人服务

地理作为基础教育的一门教学科目，具有多维度的、不可替代的育人价值。地理作为教学科目的功能主要有两个：一是满足个人发展的需求，二是满足社会发展的需求，分别对应个人价值和社会价值[26]。一方面，地理学是一门与生活密切相关的学科，学生需要认识、评价和选择自己的生活环境；根据所处地理环境的特征，合理安排自己的衣食住行；正确理解人与环境的关系，自觉约束自己的行为，与地理环境和谐相处，地理教育可以帮助学生掌握与生活有关的地理知识和技能，提升学生个人素质。另一方面，地理学科在解决世界和地区面临的环境问题、人口问题、资源问题、能源问题和可持续发展问题等方面具有不可替代的作用，这些问题的最终解决需要提高全人类对人地关系的认识，地理教育承担着培养现代公民基本地理素养的功能。地理教育有助于人们正确认识自身的生存环境，理解人地关系，最终实现人类的可持续发展。此外，作为人类文化遗产一部分的地理学，为社会教育提供了丰富的教育内容，是地理育人价值的源泉和基础。

1.5.2　为可持续发展提供科学服务

习近平总书记在第二十三届圣彼得堡国际经济论坛全会上强调：“可持续发展是破解当前全球性问题的‘金钥匙’。”[27] 联合国可持续发展目标(Sustainable Development Goals，SDGs)指导全球发展工作，旨在从 2015 年到 2030 年以综合方式努力解决社会、经济和环境三个维度的发展问题，从而走上可持续发展道路[28]。地理学是自然科学、人文科学和技术科学的交叉，具有综合性、交叉性和区域性的特点，是实现可持续发展的基础学科[29]。地理学研究具有交叉性，与自然科学、社会科学、技术科学等多学科交叉融合，彼此具有紧密的联系；地理学研究具有区域性，研究区域自然要素和人文要素的格局、分布、扩散、循环和相互作用，以及它们之间发展变化的相互作用与制约关系；

同时，地理学具有综合性，为解决复杂的地球表层系统问题提供了方法和工具。由于人与环境关系一直是地理学研究的核心主题，旨在解析自然环境各要素与人文环境各要素的共生、制约、协调关系[30]，因此地理学核心主题和可持续发展目标十分契合。推动可持续发展是地理学的历史任务，深入刻画地理过程耦合的动力机制，揭示自然-社会系统互馈作用机理，探明区域可持续发展的途径与政策，将充分发挥地理学服务可持续发展的科学价值。

1.5.3　为生态文明建设提供技术支撑

自然地理学是地理学综合研究的基石。目前，自然地理学关注主题已经从传统的自然地理格局研究转向格局与过程耦合、可持续发展议题深化，研究方法逐渐走向综合性与定量化，并逐渐实现微观过程与宏观格局的结合，呈现出新的发展态势[24]。自然地理学所关注的地表格局形成和演化过程集中反映人口、资源、环境与发展的复杂冲突，对应着当前社会对资源环境问题的全球性关注和对区域可持续发展严峻挑战的高度重视，体现了全球和国家对自然地理研究的重大需求[31]。近年来，在全球变化驱动下，自然地理学研究形成了气候变化、生态系统服务、格局与过程耦合、模型、尺度等研究热点，地貌学、气候学、水文学、综合自然地理学等分支学科在传承中得到新的发展，并衍生出了城市自然地理学、流域与区域综合等新兴方向。自然地理学研究是解析山水林田湖草生命共同体演化机制的关键，可为资源合理利用、环境有效保护、自然灾害防范提供技术支撑，自然地理学对自然环境的系统性研究的科技贡献，将更好地指导人类合理地利用自然、有效地保护环境、防范自然灾害，保障山水林田湖草生命共同体的合理、有序演化。在新时代推进生态文明建设的背景下，自然地理学在生态安全格局评价、识别、构建与调控等领域，也具有广阔的应用前景[32]。

1.5.4　为国土空间规划提供决策依据

2018 年 2 月中共中央印发的《关于深化党和国家机构改革的决定》明确提出，要“强化国土空间规划对各专项规划的指导约束作用，推进‘多规合一’，实现土地利用规划、城乡规划等有机融合”，并进行国家部委机构改革，组建自然资源部，统筹国土空间规划管理。2019 年 5 月，中共中央、国务院发布了《关于建立国土空间规划体系并监督实施的若干意见》，指出国土空间规划是国家空间发展的指南、可持续发展的空间蓝图，是各类保护开发建设活动的基本依据。国土空间规划是优化生态环境保护、保障粮食安全、促进国土资源集约利用的国家意志导向，是推进生态文明建设的关键举措[33]。国土空间开发格局研究是一个复杂、综合、系统的应用基础性研究，同时，又具有独特的区域特性和可操作的政策性等特征。地理学的人类活动社会行为研究是国土空间规划的根本依据，是构建区域高质量发展格局的依据。科学认识、合理利用复杂的国土空间，从而形成有序化的空间开发格局，实现人类与自然生态系统的共存，是地理学应用研究的重要方向[34]。地理学在计算机技术支持下，通过空间分析评价、机制规律研究、模型构建与应用、情景效果可视化表达等，对区域国土空间发展状态进行诊断、对发展过程进行预测预报，以及进行辅助决策效果与情景模拟，将为政府、企业、民众等认识不同区域发展目标、掌握发展现状、展望未来前景、参与决策过程提供综合诊断、即时预警、可视化演示的研究与应用平台[35]。

1.5.5 为构建人类命运共同体提供理论支撑

地理学是从时间、空间和自然—社会系统三个维度理解陆地表层过程的科学，对地缘关系研究具有独特的功能和作用。因此，从地理学视角研究地缘关系具有其他学科无法比拟的优势[36]。“一带一路”倡议是新时代人类合作的新模式，是构建人类命运共同体的科学尝试[37]。“一带一路”倡议为学术界提出了很多科学问题。其中，需要地理学界加强研究的议题包括：全球化时代地缘政治关系的核心要素和驱动机制，沿线国家的国别地理研究，“一带一路”倡议框架下的对外直接投资理论、海陆运输的空间组织等[38]。“一带一路”倡议蕴含着丰富的地理内涵，因而为中国地理学的发展提供了重大机遇。以国家为单元开展国别研究，以及开展全球各国之间政治、军事、经济、文化等人文要素的关系研究，是地理学的新兴方向。通过上述研究，可以深入理解不同国家的国际诉求、国际行为、国际地位以及未来在世界格局中的作用，可以为国家战略的布局、全球治理的路径选择提供重要科学依据。人类命运共同体理念不仅为解决当今世界经济地理问题提供了新的理论支撑，同时也对世界经济地理学科发展提出了新的要求[39]。

参考文献

[1] 吴岩. 历史性成就格局性变化：高等教育十年改革发展成效[J]. 中国高等教育，2022(11)：8-10.

[2] 吴岩. 中国式现代化与高等教育改革创新发展[J]. 中国高教研究，2022(11)：21-29.

[3] 马海涛，马国焘. 中国社会主要矛盾变化与高等教育发展[J]. 国家教育行政学院学报，2020(1)：16-22，43.

[4] 杜玉波，姜治莹，杨振斌，等. 推动高等教育高质量发展 全面支撑中国式现代化建设(笔谈)[J]. 中国高教研究，2022(11)：1-10.

[5] 支继丹. 新时代中国高等教育供给质量优化研究[D]. 长春：吉林大学，2023.

[6] 教育部. 教育部关于加快建设高水平本科教育全面提高人才培养能力的意见[J]. 中华人民共和国教育部公报，2018(9)：18-24.

[7] 王建华. 什么是高等教育高质量发展[J]. 中国高教研究，2021(6)：15-22.

[8] 刘六生，曹中汗. 新时代高校本科人才高质量培养的思考[J]. 云南师范大学学报(哲学社会科学版)，2021，53(6)：112-122.

[9] 张亚群，庞瑶. 通专结合培养模式的变革：历史省思与现实选择[J]. 华中师范大学学报(人文社会科学版)，2019，58(6)：25-34.

[10] 教育部办公厅. 关于实施一流本科专业建设“双万计划”的通知[EB/OL]. (2019-04-04) http：//www. moe. gov. cn/srcsite/A08/s7056/201904/t20190409_377216. html.

[11] 刘辉，朱汉，佟矿. 一流本科专业建设：主要原则、基本思路及关键路径[J]. 高教学刊，2023，9(6)：34-38.

[12] 林健. 一流本科教育：认识问题、基本特征和建设路径[J]. 清华大学教育研究，2019，40(1)：22-30.

[13] 林健. 面向未来的中国新工科建设[J]. 清华大学教育研究，2017(2)：30.

[14] 梅雪. 一流本科专业建设：何去何从[J]. 江苏高教，2021(8)：66-71.

[15] 邬晓娟. “双一流”建设下行业特色高校夯实本科教育的实践路径[J]. 北京教育(高教)，2020(9)：20-23.

[16] 郑度. 学科融合提升地理学综合研究水平[J]. 经济地理，2018，38(8)：1-4.

[17] 傅伯杰，冷疏影，宋长青. 新时期地理学的特征与任务[J]. 地理科学，2015，35(8)：939-945.

[18] 宋长青. 新时代高等学校地理学科建设理念与实施策略[J]. 北京师范大学学报(自然科学版)，2022，58(3)：511-516.

[19] BRUNN S D，CUTTER S L，HARRINGTON JR J W. Geography and technology [M]. Dordrecht，Netherland：Springer，2004.

[20] 廖小罕. 地理科学发展与新技术应用[J]. 地理科学进展，2020，39(5)：709-715.

[21] 廖小罕. 大数据时代的中国地理学[J]. 全球变化数据学报，2019，3(4)：311-316.

[22] 史培军. 人地系统动力学研究的现状与展望[J]. 地学前缘，1997，4(1-2)：201-204.

[23] 刘彦随. 现代人地关系与人地系统科学[J]. 地理科学，2020，40(8)：1221-1234.

[24] 傅伯杰. 新时代自然地理学发展的思考[J]. 地理科学进展，2018，37(1)：1-7.

[25] 宋长青. 新时代高等学校地理学科建设理念与实施策略[J]. 北京师范大学学报(自然科学版)，2022，58(3)：511-516.

[26] 龙泉. 地理学科教育价值的特点与内涵论析[J]. 武汉理工大学学报(社会科学版)，2016，29(2)：294-298.

[27] 习近平. 坚持可持续发展共创繁荣美好世界——在第二十三届圣彼得堡国际经济论坛全会上的致辞[J]. 中华人民共和国国务院公报，2019(17)：7-9.

[28] 傅伯杰. 联合国可持续发展目标与地理科学的历史任务[J]. 科技导报，2020，38(13)：19-24.

[29] 傅伯杰. 地理学：从知识、科学到决策[J]. 地理学报，2017，72(11)：1923-1932.

[30] 宋长青，程昌秀，史培军. 新时代地理复杂性的内涵[J]. 地理学报，2018，73(7)：1204-1213.

[31] 蔡运龙，李双成，方修琦. 自然地理学研究前沿[J]. 地理学报，2009，64(11)：1363-1374.

[32] 彭建，赵会娟，刘焱序，等. 区域生态安全格局构建研究进展与展望[J]. 地理研究，2017，36(3)：407-419.

[33] 中共中央、国务院关于建立国土空间规划体系并监督实施的若干意见[EB/OL]. [2022-05-01]. http：//www.gov.cn/zhengce/2019-05/23/content_5394187.htm.

[34] 陈磊，姜海. 国土空间规划：发展历程、治理现状与管制策略[J]. 中国农业资源与区划，2021，42(2)：61-68.

[35] 樊杰，周侃，孙威，等. 人文—经济地理学在生态文明建设中的学科价值与学术创

新[J]. 地理科学进展, 2013, 32(2): 147-160.

[36] 宋长青, 葛岳静, 刘云刚, 等. 从地缘关系视角解析“一带一路”的行动路径[J]. 地理研究, 2018, 37(1): 3-19.

[37] 刘卫东, DUNFORD M, 高菠阳. “一带一路”倡议的理论建构: 从新自由主义全球化到包容性全球化[J]. 地理科学进展, 2017, 36(11): 1321-1331.

[38] 刘卫东. “一带一路”战略的科学内涵与科学问题[J]. 地理科学进展, 2015, 34(5): 538-544.

[39] 杨青山, 刘鉴. 以人类命运共同体推动我国世界经济地理理论与实践发展[J]. 经济地理, 2023, 43(5): 1-7.

第2章

新时代地理科学类专业人才培养现状

2.1 改革开放以来地理科学类专业的变迁

学科的发展、社会分工的变革以及教育对象的变化，都直接影响着高校的专业设置和调整。20世纪80年代以来，我国共进行了四次大规模的学科目录和专业设置调整工作，从地理科学类本科专业设置变化上看，经历了四个阶段[1]。这四个阶段变化，既符合我国当时地理学教育发展的客观现实，也体现了各个不同历史阶段社会对地理科学人才需求的变化，反映着地理科学教育在发展中变化、在变化中发展的客观规律。

(1)第一阶段：1987—1992年。1986年，针对理科类专业设置不适应社会发展需要、专业划分不够恰当、名称不尽科学、方向不够明确等弊端，国家教委组织了大规模的理科本科专业目录修订工作，并于1987年正式颁布《普通高等学校理科本科基本专业目录》，其中地理科学类专业设：自然地理学、地貌学与第四纪地质学、水资源与环境、经济地理学与城乡区域规划、地理信息与地图学5个本科专业。

(2)第二阶段：1993—1997年。1993年，针对1987年版本科专业目录中专业划分过细、专业范围过窄、专业名称不尽科学及重复设置等问题，国家教委又组织对本科专业目录进行了大规模的修订工作。修订后的专业目录中，地理科学类专业共设地理学、地貌学与第四纪地质学、资源环境区划与管理、经济地理学与城乡区域规划、地理信息系统与地图学、地理学教育 6 个本科专业。

(3)第三阶段：1998—2011 年。1998 年，教育部按照科学、规范、拓宽的总体原则和思路，对本科专业目录重新进行了修订，此次目录修订改变了过去过分强调“专业对口”的教育观念，确立了知识、能力、素质全面发展的人才观，对引导高校拓宽专业口径、增强适应性、加强专业建设和管理、提高办学水平和人才培养质量发挥了积极作用。地理科学类专业共设地理科学、资源环境与城乡规划管理和地理信息系统 3 个本科专业。

(4)第四阶段：2012 年至今。进入新世纪以来，我国经济社会快速发展，科技进步日新月异，高等教育实现了历史性跨越。经济社会和高等教育自身发生的巨大变化对本科专业设置提出了新要求。为落实《国家中长期教育改革和发展规划纲要(2010—2020 年)》提出的建立动态调整机制、不断优化学科专业结构的要求，教育部按照科学规范、主动适应、继承发展的原则，对 1998 年版的专业目录进行了大规模修订，并于 2012 年正式颁布了新版的专业目录。地理科学类专业由原来的 3 个调整为地理科学、自然地理与资源环境、人文地理与城乡规划和地理信息科学共 4 个本科专业。

2.2 地理科学类专业教育教学现状

2.2.1 地理科学类专业空间布局分析

根据掌上高考网站统计，截至 2023 年，中国内地(不含港澳台)开设地理科学类本科专业的高校共有 296 所，全国各省区市均有地理科学专业布局(如表 2-1 所示)，其中江苏、河南、山东开设地理科学类专业的高校最多，均在 18 所以上；其次为广东、河北、湖南、四川、湖北等省，开设地理科学类专业的高校有 14~16 所；安徽、贵州、陕西、云南、甘肃、广西、江西等省区，开设地理科学类专业的高校有 10 所以上；其余省份开设地理科学类专业的高校均在 10 所以下。从空间布局上看，我国地理科学类本科专业空间分布明显集聚，且不均衡，设置地理科学类专业的高校主要集中分布在华北、华南地区。

表 2-1　开设地理科学类专业的高校数量（2023 年）

省份	开设地理科学类专业高校数量	省份	开设地理科学类专业高校数量
河南	19	黑龙江	9
江苏	19	吉林	9
山东	18	山西	8
广东	16	福建	7
河北	16	浙江	7
湖南	15	辽宁	6
四川	15	内蒙古	6
湖北	14	新疆	6
安徽	13	天津	4
贵州	13	重庆	4
陕西	13	海南	2
云南	11	宁夏	2
甘肃	10	上海	2
广西	10	西藏	2
江西	10	青海	1
北京	9	合计	296

从高校层次来看（如图 2-1 所示），开设地理科学类本科专业的 296 所高校多以地方高校为主，其中“985”/“211”高校有 47 所，占比 15.88%；“双一流”高校有 57 所，占比 19.26%；部属高校有 34 所，占比 11.49%；地方高校有 262 所，占比 88.51%。由此可见，地方高校是地理科学类专业设置和人才培养的主阵地。从高校类型来看（如图 2-1 所示），综合类和师范类高校设置地理科学类专业数量最多，分别有 101 所和 97 所；其次为理工类高校，有 62 所；而农林类、财经类等高校设置数量较少，分别只有 20 所和 16 所。

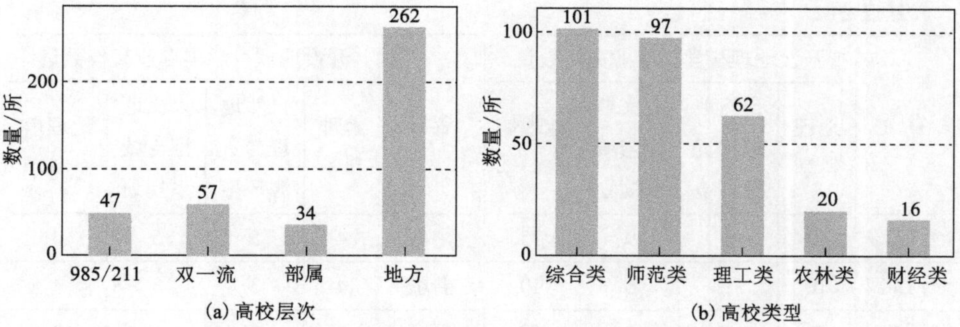

图 2-1　开设地理科学类专业的高校层次与类型

2.2.2　地理科学类专业结构与调整分析

分省份统计开设地理科学、自然地理与资源环境、人文地理与城乡规划和地理信息科学四种专业的高校数量如表 2-2 所示，开设地理信息科学专业的高校数量最多，有 177 所；其次是地理科学，有 170 所；再次是人文地理与城乡规划专业，有 114 所；开设自然地理与资源环境专业的高校数量最少，只有 56 所，且在山东、安徽、吉林、辽宁、上海、重庆、宁夏、浙江 8 个省份暂时没有。开设有四种地理科学类专业的高校有 20 所，主要集中在办学历史较长、办学水平较高的师范类和综合类大学；开设有三种、两种地理科学类专业的高校分别有 43 所和 75 所，仅开设一种地理科学类本科专业的高校有 158 所。在 158 所开设一种地理科学类专业的高校中，地方高校 140 所，占比 88.6%；部属高校 18 所，占比 11.4%。其中仅开设地理信息科学专业的高校有 60 所，主要是理工类、综合类和农林类高校；仅开设地理科学专业的高校有 56 所，主要是师范类高校。

表 2-2　开设四种地理科学类专业的高校数量(2023 年)

省份	开设地理科学类专业高校数量				省份	开设地理科学类专业高校数量			
	地理科学	自然地理与资源环境	人文地理与城乡规划	地理信息科学		地理科学	自然地理与资源环境	人文地理与城乡规划	地理信息科学
河南	12	5	5	13	内蒙古	5	1	5	2
山东	11	—	3	11	黑龙江	4	1	3	4

续表 2-2

省份	开设地理科学类专业高校数量				省份	开设地理科学类专业高校数量			
	地理科学	自然地理与资源环境	人文地理与城乡规划	地理信息科学		地理科学	自然地理与资源环境	人文地理与城乡规划	地理信息科学
江苏	10	5	9	15	山西	4	5	5	4
河北	10	1	6	10	新疆	4	3	3	4
湖北	9	1	4	10	辽宁	4	—	1	3
广东	9	4	9	7	福建	3	2	4	3
贵州	9	3	4	5	北京	2	3	4	8
云南	9	5	4	5	上海	2	—	2	2
四川	8	2	5	9	天津	2	1	1	2
安徽	7	—	2	10	重庆	2	—	3	2
湖南	7	2	7	8	宁夏	2	—	1	1
吉林	7	—	2	7	浙江	1	—	2	5
陕西	7	3	4	6	海南	1	1	2	1
江西	6	2	3	6	青海	1	1	1	1
广西	6	2	4	5	西藏	1	1	—	1
甘肃	5	2	6	7	总计	170	56	114	177

根据教育部历年的《普通高等学校本科专业备案和审批结果》公告，统计近5年中国内地高校地理科学类专业开设与调整情况，可以发现中国内地地理科学类专业布点总量保持稳定，总数维持在510~520个，但专业结构调整力度较大，5年共新设60个专业点，撤销64个专业点，如表2-3所示。其中开设地理科学(070501)、地理信息科学(070504)专业的高校数量呈净增的态势，而开设自然地理与资源环境、人文地理与城乡规划专业的高校数量则呈净减的态势。5年来开设地理科学专业(070501)高校由2019年的154所增加到2023年的170所，净增16所，增幅达10.39%；地理信息科学专业(070504)由2019年的160所增加到2023年的177所，增幅达10.63%；人文地理与城乡规划专业(070503)由2019年的123所减少至2023年的114所，撤销率达7.32%；自然

地理与资源环境专业（070502）由 2019 年的 84 所减少至 56 所，撤销率达 33.33%，撤销专业的主要是地方高校。本科专业开设或停办，往往受到院校办学定位、师资队伍建设、报考生源和就业市场需求等诸多因素的影响[2]。近 5 年专业设置总量并不大的自然地理与资源环境专业出现了三分之一的撤销率，这说明该专业定位、办学条件和培养模式难以适应经济社会发展对人才培养的需求，办学缺乏可持续性。

表 2–3　近 5 年四类地理科学类专业设置调整情况

专业增撤情况	2019 年		2020 年		2021 年		2022 年		2023 年		2019—2023 年	
	新增	撤销	新增	撤销	新增	撤销	新增	撤销	新增	撤销	新增	撤销
地理科学	3	—	3	1	6	—	6	1	2	2	20	4
自然地理与资源环境	1	8	1	3	1	6	2	7	1	10	6	34
人文地理与城乡规划	1	3	2	2	4	3	—	5	3	6	10	19
地理信息科学	5	1	8	2	5	1	2	3	4	—	24	7

2.2.3　地理科学类专业拔尖人才培养

20 世纪 90 年代末，教育部在华东师范大学、北京师范大学、兰州大学、南京大学、北京大学、武汉大学和福建师范大学等 7 所高校建设国家地理学理科人才培养基地，重点培养地理学拔尖人才[3]。2018 年，教育部通过“六卓越一拔尖”计划，将地理科学列入 17 个基础拔尖学科，实施拔尖人才 2.0 计划深化人才培养，先后有北京师范大学、北京大学、南京大学、华东师范大学和武汉大学 5 所高校的地理科学类专业入选。2019 年，为推动“四新”建设，做强一流本科、建设一流专业、培养一流人才、提高高校人才培养能力，教育部启动实施了一流本科专业建设“双万计划”。2019—2021 年，教育部共遴选出三批次 11761 个国家级一流本科专业建设点和 15727 个省级建设点[4]。全国共有 123 所高校地理科学类本科专业入选国家一流本科专业建设点，其中地理科学专业有 55 所高校入选，占比 44.7%；地理信息科学专业有 40 所高校入选，占比 32.5%；人文地理与城乡规划专业有 17 所高校入选，占比 13.8%；自然地理与资源环境专业有11所高校入选，占比9%。这一系列战略计划的实施，有效地推动了地理学科专业建设和人才培养[5]。然而，在地理学学科发展和人才培养质量整体提高的同时，一些较深层次的瓶颈问题也逐渐凸显，制约着地理学科专业建设的长远发展[6]。

2.3 地理科学类专业面临的主要问题

2.3.1 专业培养目标与定位不明晰

专业建设首要任务是确立专业定位和培养目标，即对该专业人才的培养层次和主要服务面向的规划和定位。地方高校对于地理学应用型专业定位把握不够准确，只是盲目照搬综合性大学专业建设的经验[7]，没有考虑自身专业特色和地方经济发展对人才培养的需求，往往导致其培养的毕业生缺乏明确的就业方向，也缺乏独特的专业技能，其专业定位和人才培养模式不能适应经济社会发展的需求，办学缺乏可持续性[8]。

2.3.2 课程设置与市场需求不匹配

由于专业定位缺乏明晰的行业定位，课程设置偏重学科本位，导致课程体系与行业产业实际脱节，与应用型人才培养要求不匹配。目前以学生为中心、以学习成果为导向、不断持续改进的OBE理念在新工科建设中广泛应用[9]，但在应用理科专业中极少见报道，这导致地理科学应用型专业培养方案修订过程缺乏反向制定课程体系机制，没有深入行业产业开展调研，导致课程体系设置与行业产业需求不匹配。同时培养模式过于传统僵化、重理论轻实践，缺乏对学生应用技术和实践能力培养的有效机制。

2.3.3 师资能力与新工科不适应

新时代“四新”背景下，对教师的专业知识、科研能力、应用能力、产业经历和教学能力及综合素质等都提出了较高的要求[10]。地理科学应用型专业师资除了具备地理学相关学科专业的理论知识外，还应对移动互联网、人工智能、虚拟现实、数字孪生、实景三维等新技术有较深刻的理解，同时还应具备丰富的项目实践经验与创新能力。而目前地理学科师资大多来自学术型高校的硕士、博士研究生，从学校到学校，其项目实践经验欠缺，工程教育理念缺乏。师资专业知识、能力结构难以适应新工科人才培养的要求。

2.3.4　实践教学与行业需求相脱节

新工科建设要求打破传统实践教学思想禁锢，以培养高水平应用型人才为目标，创新实训教学模式，优化实践教学内容，构建起专业实习、创新实训的实践教学体系[11]。一方面，校内实验条件建设跟不上新技术发展的需求，难以提供自然资源领域的新技术、新业态的实验实训项目，学生对新技术、新方法应用能力较弱；另一方面，多数校企共建的实习实践基地很难提供从自然资源领域调查评价、监测预警、规划管制、保护开发、修复治理全过程、全方位的实践教学岗位。毕业生拥有的专业实践能力与行业需求相脱节。

2.4　地理科学类专业教育改革发展趋势

2.4.1　发挥学科综合优势，夯实学科专业基础

综合性是地理学科的首要特点和学科精髓。进行地理学专业知识的综合教育与培养是我国地理学专业课程体系设置的核心。地理学专业课程体系设置应从学科综合教育的角度出发，在充分考虑地理学知识体系的基础上，结合自身在地理学教育与研究中的传统优势，制定出相应的地理学专业课程体系；全面开设相关的地理学基础课程，分别在地理学导论、自然地理学、人文地理学、地理学技术与方法四个方面各选定 1~3 门课为专业基础课，构成其基础课程体系；专业课程既设置一定数量的地理学的理论课程，又开设一定数量的有关地理学的技术方法课程，理论知识讲授与研究方法及技术的传授并重；减少专业必修课课程数量，提高专业选修课程和方向课程比例，为学生营造出一个广阔的专业学习空间，为学生今后的学习和发展打下坚实的学科基础。北京大学发挥学科齐全和学科交叉的优势，坚持大类招生，二年级选专业，让学生充分了解学科方向并结合自己的兴趣选择专业；在本科教学中打通专业间的壁垒限制，为学生提供共享的专业课程教学；学生在二年级、三年级可以在院内各专

业间自由流动。

2.4.2 深化多学科交叉融合，培养复合型人才

不同学科的交叉融合是优势学科发展点、新学科的增长点，更是创新型人才培养的制高点。地理科学是自然科学与社会科学的交叉学科。综合性、区域性、跨学科交叉与渗透是地理学的学科特性。学科内部及相邻学科交叉、重组是切入地理学主题和教学内容、课程体系改革的主要方式。当前人类面临着发展史上巨大的资源、环境、安全等危机，越来越多的复杂问题已经超越单一学科范畴，学科交叉与融合成为解决这些重大问题的重要手段。地理科学具有多学科交叉融合、学科方向多维、各方向针对性强、地域特色鲜明及理论与实践紧密结合的显著学科特性。国土空间规划、国土生态修复、城乡融合、乡村振兴等都是综合复杂的系统工程，一方面需要各类地理学人才，另一方面也对地理学人才的知识结构提出了新的要求。除了传统的地理学基础课程以外，还要与环境学、生态学以及经济学和社会科学交叉，使传统地理学向“生态化”“经济化”“社会化”的方向渗透，这样才能培养满足社会需求的新型地理学复合型人才。首都师范大学依托地理学科平台优势，深化多学科交叉融合，着力解决重大技术难题和关键问题，并以学科交叉融合重点重大科研成果支撑本科复合型、创新型人才培养。通过搭建复合型人才培养体系，优化设计多学科交叉课程体系，设置特色突出的交叉课程模块和课程群，将与地理学联系密切的学科如信息技术、人工智能、数学、统计、历史、考古等相关课程和地理科学类专业基础课程相结合，通过跨学科模块课程的学习，构建学生综合性知识体系。充分利用国际高校联盟、国内大学生 MOOC 等优质在线资源，组织和遴选一批关联学科高水平在线课程，让学生进行跨国、跨校、跨专业学习。

2.4.3 坚持理论实践并重，培养学生专业特长

地理学是研究地球表层空间地理要素或者地理综合体空间分布规律、时间演变过程及区域特征的一门学科，是自然科学与社会科学的交叉，学科内容具有理论与实践相结合的典型特征。野外实践教学是地理学人才培养体系中的重要环节。我国地理学经过长期探索和实践，形成了一套特色鲜明、类型多样、系统完整的野外创新实践能力培养体系，各高校地理学建立起了相对固定的本科教学实践基地。华东师范大学坚持野外实践教育在地理学人才培养中的核心

地位，通过线路建设、基地建设、课程建设与网络建设保障野外实践教学体系的建设[14]。同时，以虚拟仿真技术支撑“大数据+模拟技术”与传统野外实习的融合，在单站点实习基础上实现时空信息与过程信息的延展，目前建设有“一带一路”新疆天山实习基地、“大都市—大生态—大民生”长江三角洲实践教学基地、“精准扶贫”工程贵州普定实习基地等野外实践教学基地。又如，北京师范大学采取院校联合、校所结合、院校与主管部门协同等多种模式，开展地理实践教学，强化学生多维度认识自然环境、研究地理规律的能力；同时将生产实习和地方实际需求相结合，在完成野外实践教学过程中让学生得到强烈的获得感和成就感，有利于进一步强化本科生的自我认同感，促进综合素养的培养与提升。

2.4.4　突出学科前沿引领，打造结构优化的课程模块

地理学人才培养需要更全面、更深入地融入未来学科发展及国家和社会对高水平地理学家的人才需求中，进而带动地理学高素质人才培养的实践。在新时代，宜居地球、气候变化、碳循环、可持续发展与美丽中国建设，国土空间开发、区域协同、城乡统筹发展，空间信息的发展，空间数据产品的开发，人地关系变迁规律的发现、预测和适应都是地理学需要解决的前沿科学问题，也为大学地理学教育指明了方向。北京师范大学地理学面向地理要素对象设置“水土气生人”课程，面向空间分析方法开设遥感、GIS、编程类课程，面向地理系统对象设置区域地理课程，面向新时代地理复杂性开设时空大数据、系统科学、统计分析、人工智能等课程，面向社会需求开设景观生态学、国土空间规划与管理、政治地理学、健康地理学等[15]。专业课程以知识获取与能力培养为核心，重视学生对理论的理解能力、对科学问题的辨识能力、解决问题的实践能力以及自我提升的学习能力，在课程教学上强调问题导入、理论与实践结合、数据与方法模型相结合。

2.4.5　强化课程思政引领，贯通专业教育和思政教育

新时代地理学人才培养植根于当前百年未有之大变局的时代背景，要紧扣国家需求、学科发展，强化使命担当、理想引领，以强烈的使命感激发学生的求知欲和上进心，做到敏于求知、勤于学习、敢于创新、勇于实践。地理学研究面向广阔的自然世界和身边的人文社会，是培养学生家国情怀的优良学科素

材，科学、恰当、自然地融入立德教育内涵是地理学专业人才培养的重要内容。全面推进课程思政建设，就是要寓价值观引导于知识传授和能力培养之中，帮助学生塑造正确的世界观、人生观、价值观。要深入梳理专业课教学内容，结合不同课程特点、思维方法和价值理念，深入挖掘课程思政元素，有机融入课程教学，达到润物无声的育人效果。要注重科学思维方法的训练和科学伦理的教育，培养学生探索未知、追求真理、勇攀科学高峰的责任感和使命感[16]。华东师范大学以"学科前沿—中国智慧—师大贡献"为方向，以一流的师大成果促进专业知识学习，以一流的中国成果强化对中国智慧的认识，以一流的师大成果激发学生学习兴趣。以案例教学作为实现思政教育与专业教育双向耦合强化的重要途径，通过教研团队内部集体备课与多团队交叉备课、室内研讨与野外实践考察相结合的方式建设地理课程思政案例库，从而保障地理课程思政有效开展。

2.4.6 聚焦区域高质量发展，打造学科特色与优势

区域研究是地理学悠久而重要的传统。当前，解决国家资源环境安全、生态建设与区域可持续发展、提高人口素质、消除贫困等一系列重大国家需求问题都离不开地理学的研究。不同区域高校的地理学都有各自的特色和自己的主体思想，也就是各学校有自己的专业背景，地理类专业与学科的系统化改造要体现学校的办学特色。不同区域高校的地理学研究都有自己的区域特色[4]。如东北地区研究黑土土质及湿地化问题，西北地区研究干旱气候和土地沙漠化问题，西南地区研究喀斯特发育及石漠化问题，华南地区研究水土流失引起的红色沙漠化问题，华东地区研究湖泊及海洋地质问题等，不同高校也由此形成不同的学科特色和专业办学优势。各地理学系应充分发挥其特有优势，扬长避短，有效地利用其所处区域的资源，体现学校的办学特色。如福建师范大学聚焦闽台山海要素、海上丝绸、南方丘陵山地，建设区域特色鲜明的教学内容体系[17]；以"学科融合—教研相长—个性培养"为目标，打造地球系统科学、自然地理、人文地理、信息地理、生态地理和闽台地理六大课程体系。充分发挥福建省的区域特色，打造突显海上丝绸之路核心区、生态文明示范区和闽台交流前沿等地域特色的专业教育内容。

参考文献

[1] 周廷刚，苏迎春，沈敬伟，等. 我国地理科学类本科专业设置与学生培养的变化[J]. 中国大学教学，2014(5)：44-46.

[2] 郭卉，廖恋. 高校分类发展背景下老牌地方本科高校专业设置调整过程及影响因素探析[J]. 中国人民大学教育学刊，2023(6)：21-34，182.

[3] 吴岩. 中国式现代化与高等教育改革创新发展[J]. 中国高教研究，2022(11)：21-29.

[4] 贺灿飞，彭建，苏筠，等. 新时代中国大学地理教育[M]. 北京：中国商务出版社，2023.

[5] 阎琨，吴菡. 拔尖人才培养的国际趋势及其对我国的启示[J]. 教育研究，2020，41(6)：78-91.

[6] 陈旭，王伦澈，宋小青. 理工类高校地理科学专业人才培养面临的主要问题及对策[J]. 中国地质教育，2023，32(2)：20-23.

[7] 李小燕. 新时代地方高师本科教学问题与对策刍议：以陕西理工大学地理科学专业为例[J]. 大学教育，2021(3)：37-39.

[8] 张晓露，王妮. 地方高校地理科学专业就业现状及相关对策研究[J]. 陕西教育(高教)，2020(11)：46-47.

[9] 林健. 新工科专业课程体系改革和课程建设[J]. 高等工程教育研究，2020，180(1)：1-13，24.

[10] 詹友基，贾敏忠，高璐. 新工科背景下应用型本科高校师资队伍建设：以福建工程学院为例[J]. 教育评论，2022，281(11)：133-137.

[11] 刘松. 新工科实践教学人才培养模式的重构与创新[J]. 湖北师范大学学报(哲学社会科学版)，2023，43(2)：113-117，133.

[12] 贺灿飞，刘鸿雁，李双成. 立足地理学科前沿，服务国家战略需求：北京大学地理学科 65 周年[J]. 地理学报，2017，72(11)：1933-1936.

[13] 潘云，付文红，朱琳，等. 聚焦核心竞争力，提升学科贡献力携手共建特色一流地理学："双一流"建设对首都师范大学地理学发展的机遇与挑战[J]. 首都师范大学学报(自然科学版)，2019，40(6)：27-31.

[14] 艾东升，郑祥民，陈诗吉，等. 关于野外联合实践教学与地理学创新人才培养的思

考[J]. 高等理科教育，2015(3)：104-109.

[15] 宋长青，刘静，潘峰华. “双一流”建设背景下北京师范大学地理学本科专业人才培养模式探索与实践[J]. 地理研究，2022，41(12)：3383-3392.

[16] 敖荣军，梅琳，杨彬. 高校地理学科“可持续发展”课程思政教学实践探索[J]. 地理教学，2022(3)：4-7.

[17] 王成超，黄民生，廖善刚，等. 高师地理科学专业区域地理课程体系优化探析：以福建师范大学为例[J]. 中国地质教育，2016，25(1)：62-65.

第3章

地理科学复合型人才培养体系的顶层设计

3.1 地理科学复合型人才培养体系的内涵

3.1.1 人才培养体系的内涵和要素

人才培养体系是学校围绕自身定位而构建的以人才培养目标为中心，以人才培养的方案与制度、理念与行动、保障与环境、监督与评价等为有机组成部分的教育教学系统集成。现代大学人才培养、科学研究、社会服务、文化传承创新、国际交流合作五大职能中，人才培养始终是最为基本和最为主要的职能[1]。培养目标、教育理念、教学制度、培养模式、教学评价共同构成“五位一体”人才培养体系，其中培养目标是“本”，教育理念是“魂”，教学制度是“基”，培养模式是“纲”，教学评价是“要”。

(1)培养目标

培养目标既涉及“培养什么人”的问题，又涉及“为谁培养人”的问题，是人才培养的专业性要求与政治性要求的有机统一，在人才培养活动中具有重要地位和作用[2]。培养目标是一切教育教学活动的出发点和归宿，直接决定了设置什么专业和课程，选择什么样的教学方法和手段、采取什么考核方式等，是课程设置和教学运行等的依据。地方高校的生存与发展也离不开办学特色，地方高校只有以追求办学特色和个性发展为突破口，才能集中优势资源实现重点突破，才能将区位优势转为办学优势，才能主动适应当地经济社会发展的需要[3]。地方高校服务地方经济社会发展的过程中，需要立足地方、融入地方，主动寻找有利于地方利益和发展的生长点和发展路径[4]。地方高校在设定人才培养目标时，必须紧密契合当前高等教育所处的时代背景，同时必须根植于地方经济社会发展的实际需求之中。

(2)教育理念

教育理念是指教育主体对教育及其现象进行思维的概念或观念的形成物，是理性认识的成果，包含教育主体关于“教育应然”的价值取向或倾向[5]。教育理念对大学人才培养体系创建和发展起着重要的关键作用，在很大程度上决定着大学人才模式的发展方向和趋势。只有科学合理的教育理念的指导，才能构建高质量的本科人才培养体系。新时代，大学应贯彻新发展理念，倡导以学生发展为中心的教育理念，遵循人才成长规律，从学生特点出发，从知识传授、能力培养、价值观养成等方面采用适宜的、科学的教育教学方法[6]。

(3)教学制度

教学制度建立在教育规律基础上，连接课程、教材和教法，是高校系统运行的连接纽带，是学校精神、制度文化的演进产物，是有效教学的承载工具，构成了受教育者学习行为、教育者讲授活动及管理者辅助过程的规范和准则[7]。教学制度与保证教学活动的硬件资源一起，构成人才培养体系的支持系统。新时期，高校要紧紧围绕立德树人根本任务，克服习惯性思维和路径的依赖，大力推进教育教学改革，持续加强教学制度建设。富有成效的教学制度设计不仅应该具有规范人才培养单位及其成员的言行以维持应有组织秩序的作用，也应该具有引导和鼓励人才培养单位及其成员致力于人才培养成效提升的作用。因此，教学制度作为人才培养模式中依法育人的要素，其既要有利于大学生的全面发展又要有利于大学生的个性发展[8]。

(4)培养模式

培养模式是培养目标、实现目标的手段，对目标进行评价的方法以及相应的管理制度的总和[8]。培养模式是为实现培养目标服务的，是对人才培养诸多要素及过程予以整合的设计及集成运用，而培养目标是根据时代对人才的需求不断与时俱进的产物，由此决定了培养模式亦必须与时俱进、不断创新。随着科技的发展，经济社会对人才的需求呈现出两种态势：专业化和综合化，培养一专多能的复合型人才已成为大势所趋。高校必须兼顾内外部需求，积极探索复合型人才培养创新模式，占领人才培养制高点[9]。

(5)教学评价

教学评价是对教学活动的现实价值或潜在价值进行判断的一种活动，是引导教师改进教学工作、保障教学质量、推动教学改革、促进教师专业成长的重要手段[10]。科学合理的教师教学评价不仅是促进教师专业发展的外部动力，更是保证人才培养质量的关键因素[11]。教学评价是高校保障教学运行规范、提高教学管理水平、提升教育教学质量的重要手段。基于新时代教育评价制度深化改革新要求，地方高校应基于人才培养目标定位、教师发展需求、学科专业的差异性以及学校发展环境的新变化，不断深化高校教学评价制度改革，优化教学评价体系，构建多元化教学评价制度体系[12]。

3.1.2　复合型人才的内涵

高等学校必须转变传统的人才培养模式，建立新型人才培养模式，培养厚基础、宽口径、适应性强、一专多能的复合型人才。不同学者在不同专业领域对复合型人才的概念有不同的理解。齐凤伟等认为复合型人才培养是指高等学校在一定时间和学历层次条件下将有一定跨度的专业知识进行有机的交叉渗透，使受教育者的知识结构和能力结构达到优化组合，成为专业迁移能力较强、一专多能人才的过程，具备这种知识、能力、技能的人即为复合型人才[13]。石宪昌认为复合型人才不仅需要有自然科学和社会科学综合知识，而且必须具备专业知识，还必须进行科学世界观和方法论的哲学思想训练[14]。赖江梅认为复合型人才应当具备下面三个特征：知识复合型、能力复合型以及全面发展的综合素质[15]。姜春露等认为复合创新型人才是指具有宽阔的专业知识和较好的文化修养，具有多种能力和发展潜能，以及和谐发展的个性和创造性的人才[16]。综上所述，复合型人才一般是具有多个专业(或学科)的基本知识和能力，综合素质高，具有创新精神的人才。

复合型创新人才培养模式要突显四个主要特征[17]：一是基础性，即文理知识、通识教育与专业教育相结合，知识结构完整、知识基础宽厚；二是融通性，即专业素养和跨学科思维融通，思维更加健全、视野更加开阔、专业能力更加突出；三是实践性，即专业培养目标、规格和课程设置上强调实践性，培养过程突出实践性，强化专业实践能力；四是个性化，即以学生成长成才为中心因材施教，实现学生个性化发展。基础性侧重知识层面，融通性侧重思维和素质层面，实践性侧重能力层面，个性化侧重学生需求层面。

新时代，科学技术和社会经济发展速度日益加快、日新月异，新技术、新岗位、新行业不断涌现，岗位职业越来越不稳定，学科相互交叉与渗透，不断地向综合化、整体化方向发展。因此，当下通才教育不可能，专业化人才培养也必须适应多样化、动态变化的市场需求，社会迫切需要“通专融合”的高素质的复合型人才。复合型人才培养教育既符合当代科学技术和社会经济的发展趋势，也是未来我国高校人才培养模式的必然选择。

3.1.3 地理科学复合型人才培养

(1) 地理科学复合型人才培养的内涵

地理科学是一门横跨自然科学和社会科学的横断学科，具有很强的综合性特点，在认识和解决综合性问题时，具有明显的学科优势；地理学的系统理论与方法，如自然综合体、人地关系理论和综合分析、区域分析等独特方法，在解释和解决当今人类发展面临的系列问题中已经或正在发挥重要作用[19]。地理科学专业的基础理论植根于自然地理学、人文地理学、信息地理学等主干学科，并且与大气科学、地质学、水文学、生物学、城乡规划学、自然灾害学、遥感科学与技术、计算机科学与技术等学科密切联系。地理学科的知识体系是当前我国生态文明建设、资源开发利用、国土空间规划、减灾防灾及新型城镇化、乡村振兴等国家重大战略实施的迫切需求[20]。

地理科学复合人才具有特有的知识和能力[18]。其知识特征包括两个方面：一是基础宽厚、知识面广，学生既要掌握地理学科主干学科的基础理论知识和基本技术与方法，也要熟悉相关的自然科学和人文社会科学的知识和技能，因此具有较宽的知识面和宽厚的基础，从而为多学科知识贯通融会提供条件，也为不同专业知识的学习和能力的培养提供良好的基础。二是知识的融通，多学科知识相互交叉融合，并萌发形成新的知识、新的思想方法和综合能力，不仅有助于解决本学科、本专业的问题，而且更容易创新，学科知识能否融合并综合地发挥作用，是复合型人才的重要标志。能力特征也包括两个方面：一是能力的综合性，宽厚的基础和多学科知识的交融有利于能力的形成，但又不是各学科能力的简单相加，而是彼此之间互相取长补短，并在多种能力的基础上形成综合能力，在实践中发挥其综合功能。二是能力的创新性，通过不同学科知识和能力的融合而达到对原来的知识、能力的超越，即能用一种全新的思维方法来思考所遇到的问题，提出新的解决方法，实现人的创造力的迸发、智能飞跃。

(2)地理科学复合型人才培养的价值

第一，有助于提升学科服务区域高质量发展的能力。当前中国正基于新发展理念，以生态文明建设、新型城镇化、乡村振兴等国家重大战略为有力抓手，试图破解当前人民日益增长的美好生活需要和不平衡不充分的社会主要矛盾。地理学是支撑国家重大战略的综合性学科，可满足“人类命运共同体”“山水林田湖草沙生命共同体”“区域高质量发展”“国土空间规划”等国家重大战略目标实现的科技支撑需求。现代地理学的发展已经远远超出其传统应用领域。区域可持续发展、山水林田湖草生命共同体建设、区域高质量协调发展等，迫切需要地理学提供系统的理论、方法和技术支持[20]。

第二，拓展专业服务自然资源改革的渠道。新时代国家把自然资源保护与利用工作摆在更加突出位置，明确了自然资源部门“两统一”监管职责，重构了自然资源领域调查评价、监测预警、规划管制、保护开发、修复治理等统一的监管体系[21]。自然资源部信息化建设重点是构筑支撑自然资源管理数字化转型的数字底座，推动基于大数据分析的自然资源“认知升维”，创建面向自然资源管理重大需求的数字化、智能化技术集成应用场景，打造统一的国土空间规划数字化管理平台，推动国土空间治理数字化转型。聚焦国土空间规划、乡村规划设计等重点领域的人才需求，亟需以数字化技术改造升级地理科学复合应用型专业，以更好地匹配服务自然资源管理转型的需求[22]。

第三，促进专业从应用理科向新工科转型。现代地理学已经与物联网、移动互联网、云计算、大数据和人工智能等为代表的新一代信息技术深度融合，并从交叉融合中受益，得到进一步发展[23]。遥感、物联网为地理学研究提供了海量的观测数据，互联网、移动互联网提供了大量人文活动行为数据，空间技术支撑地理学开展跨区域和全球问题的研究，高性能计算解决了地表过程大数据的计算难题，为精细化地理时空分异规律的认识提供了技术基础。地理学通过新技术获得大数据“燃料”的注入，在全域、全景、全要素等分析预测和复杂环境解决方案、复杂因果关联等研究上极大地提高了能力。借助于新技术驱动，地理学解决社会经济实践问题能力得到显著加强。

第四，顺应新时代学科专业优化的新要求。学科专业结构和质量直接影响高等教育服务经济社会高质量发展的能力。2023 年 3 月教育部等五部门印发《普通高等教育学科专业设置调整优化改革方案》强调：以服务经济社会高质量发展为导向，建好建强国家战略和区域发展急需的学科专业；做强优势学科专业，形成人才培养高地；加强教育系统与行业部门联动，实现学科专业与产业链、创新链、人才链相互匹配、相互促进；要面向新农业、新生态，服务支撑生态系统治理、新型城镇化、乡村建设等战略需求[24]。

3.2 地理科学复合型人才培养的创新实践

3.2.1 地理科学类人才培养的发展历程

南宁师范大学是广西壮族自治区人民政府举办的本科师范院校，坐落于南宁市。学校设有 22 个学院，普通本科专业 70 个，涵盖哲学、教育学、理学、工学、管理学等 10 个学科门类，拥有省级一流学科 2 个、省级重点学科 8 个、省部级重点实验室 5 个，国家级一流本科专业建设点 12 个、省级一流本科专业建设点 15 个。“十四五”期间，学校以建成“教师教育国内一流、服务发展贡献卓著、辐射东盟影响广泛的高水平师范大学”作为学校发展目标。学校以服务国家战略和区域发展需求为导向，以一流本科专业建设为引领，以“四新”建设为主线，深化专业综合改革与内涵建设，形成师范特色鲜明、布局与结构合理、社会评价良好的本科专业体系。

南宁师范大学地理科学与规划学院始创于 1978 年，1979 年开始招收地理教育专业学生；2000 年开设地理信息科学本科专业；2010 年开设资源环境与城乡规划管理本科专业，2012 年转设为人文地理与城乡规划；2019 年开设自然地理与资源环境本科专业。2007 年获批省级地理学实验教学示范中心，2007 年和 2009 年地理科学、地理信息系统专业先后入选国家特色专业建设点。

1998 年获批地图学与地理信息系统硕士学位点，2002 年获批人文地理学硕士学位点，2005 年获批自然地理学硕士学位点，2010 年获批地理学一级学科硕士学位点。2020 年地理科学专业入选国家一流本科专业建设点，地理信息科学和人文地理与城乡规划专业入选省级一流本科专业建设点。2021 年地理科学专业教研室入选教育部第二批虚拟教研室建设点；2021 年牵头组建自然资源数字产业学院入选广西本科高校示范性现代产业学院。

3.2.2　指导思想和建设思路

(1) 指导思想

按照“突出优势，对接需求，分类培养，强化特色”基本思路，持续强化学科特色打造和特色学科建设，深化学科交融、科教融合和产教融合，构建创新地理科学复合人才培养模式，提升地理学人才培养水平。

第一，依托学校优势学科，对接产业行业需求，强化专业办学特色。首先，明确学校优势学科的核心竞争力，深入分析产业行业的需求趋势，找准学科与产业的契合点，构建分类培养的人才培养体系，与产业行业形成良性互动。其次，构建产学研合作的教育模式，将产业需求融入教学过程，共同开展科研项目，促进理论与实践的紧密结合，形成特色鲜明的专业课程体系。最后，根据产业需求调整课程设置，增设与产业紧密相关的特色课程，注重培养学生的创新思维和实践能力，以适应快速变化的行业需求，进一步强化专业的办学特色，为社会培养更多符合市场需求的高素质人才。

第二，全面贯彻 OBE 理念，优化人才培养模式，创新人才培养体系。OBE 理念关键在于明确以学生为中心、以学习成果为导向的核心思想。首先，细化人才培养目标，确保涵盖专业知识、技能及综合素质，形成清晰的人才培养蓝图。其次，围绕预期成果重构课程体系，采用启发式、讨论式等多元化教学方法，激发学生学习兴趣与主动性，并建立关注学习过程与成果达成度的评价体系。同时，注重实践与创新的结合，搭建校企合作平台，提供实践机会与创新空间，让学生在实际项目中锻炼能力。最后，建立持续的质量监控与反馈机制，定期评估人才培养效果，收集多方反馈，不断优化创新人才培养模式与体系。

第三，深化科教、产教融合，打造协同育人平台，培养复合型人才。关键在于实现教育链、人才链与产业链、创新链的有效衔接。首先，构建科教融合、产教一体的协同育人机制，将科研活动、产业实践融入教学过程，促进学生学术能力与实践技能的同步提升。其次，打造跨学科、跨行业的协同育人平台，整合学校、企业、科研院所等多方资源，共同设计课程体系，开发教学项目，实现知识、技术、市场的无缝对接。最后，注重培养学生的跨界融合能力与创新思维，通过联合培养、实习实训、创新创业等方式，使学生在掌握扎实专业知识的基础上，具备跨领域学习、工作与创新的能力。

(2)建设思路

以立德树人为根本任务，以服务国家战略和区域发展为宗旨，立足产业行业需求，构建地理科学复合型人才专业群，调整优化各专业培养目标；以学生为中心、产出为导向，确立"育人为本、通专融合、多元目标、全面发展"人才培养新理念，优化专业人才培养模式；深化多学科交融，追踪新需求、新技术、新业态的新动态，构建"地理+"复合交叉型的课程体系；依托优势学科高地和平台，深化科教融合、产教融合，校地(企)共建多元化的协同育人平台，构筑"共建、共享、共进"育人支撑平台，形成"多目标、多主体、多平台"的协同育人机制；促进地理科学类专业的交叉融合与改造升级，达成地理科学复合型人才培养目标(图3-1)。

3.2.3 建设主要举措

(1)需求引领，优化调整专业结构和培养方向

——立足产业需求，明晰专业定位与培养方向。由于地理学的复杂性和地理学本科专业的多样性，南宁师范大学积极推进地理科学类本科人才的分类培养：地理科学专业定位于培养中学地理教师，同时分层设置地理科学陶行知实验班，培养适应基础教育的卓越地理师资；面向行业产业的自然地理与资源环境、人文地理与城乡规划和地理信息科学应用型专业，主要瞄准自然资源和生态环境部门行业的资源环境监测评价、自然资源信息化、国土空间规划、城乡规划设计、国土生态修复和防灾与减灾等领域，同时贯彻"一专多岗、一岗多能"的复合型人才培养理念，推进各学科专业间的交叉融合与渗透，实现由单一型人才向复合型人才的转型，破解人才培养同质化问题。

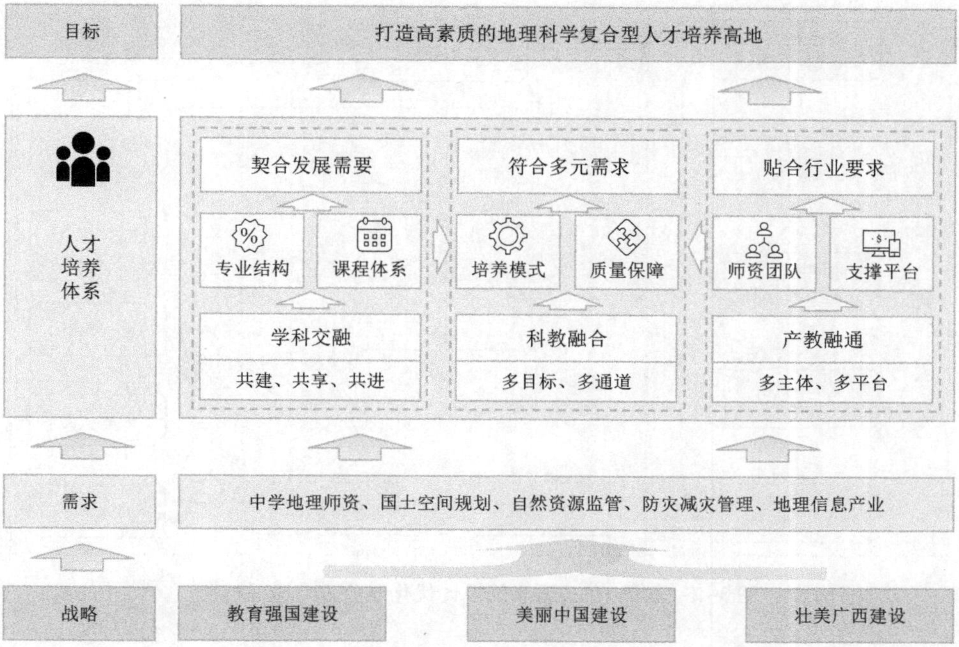

图 3-1　重塑地理科学复合型人才培养体系架构

——贯彻 OBE 理念，优化专业人才培养过程。立足学校办学特色与优势，顺应新时代中学地理师资、自然资源监管、国土空间规划、地理信息服务等领域的新需求、新技术、新业态，基于 OBE 理念逆向设计各专业人才培养过程，首先确定专业人才培养目标，根据培养目标，细化到毕业要求；按照毕业要求，确定课程体系，再根据不同课程教学内容和知识、能力培养要求，确定课程教学方法；最后通过多元评价，评价人才培养效果的达成情况。在此基础上，形成教学反馈与改进措施，指导培养目标、毕业要求、课程体系以及教学方式的调适，形成培养方案—教学方式—教学评价—教学整改循环改进、动态调整的人才培养机制。

——深化学科交融，构建科学合理的课程体系。地理科学具有多学科交叉融合，学科方向多维，各方向针对性强，综合性和区域性特征显著。按照地理科学专业群目标定位，结合“以学生为中心、产出为导向”的专业认证要求，落实地理类专业的国家标准要求，以“地理+”课程为核心，加大与城乡规划学、

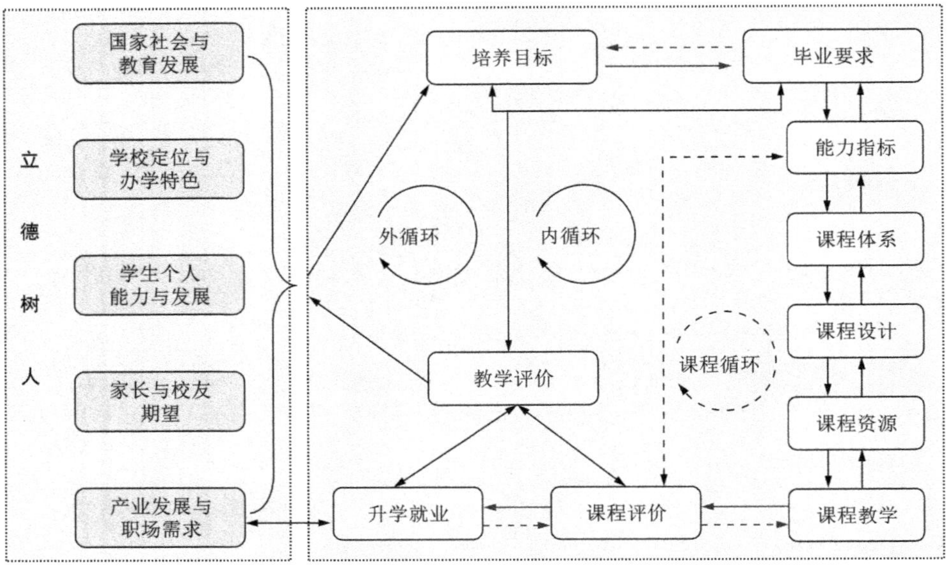

图 3-2　基于 OBE 理念的设计优化专业人才培养过程

自然资源学、自然灾害学、全球变化、遥感技术、大数据技术等学科交叉融合力度，构建跨学科交叉融合的课程体系，采用模块式进行设置，注重课程之间知识衔接，增加跨学科专业的选修课，提高选修课的广泛性，以适应新时代对创新型、复合型、应用型地理学人才的需求。

——依托学科高地，构筑共享型育人支撑体系。依托地理学优势学科和北部湾环境演变与资源利用教育部重点实验室、广西地表过程与智能模拟重点实验室等省部级重点实验室科研平台，推进多学科交叉融合，共建共享的多元化协同育人平台，瞄准学科前沿和产业需求，以创新链、产业链、教育链“三链融合”为抓手，构建广西地标作物大数据工程技术中心、北部湾智慧海洋牧场工程技术研究中心等创新平台；组建面向地理与资源环境学科前沿、国家战略和区域发展的教学科研团队；形成“平台—团队—科研—教学”学科专业一体化建设效应，破解人才培养条块分割，平台、资源共享不足问题，夯实高质量人才培养体系的内涵。

(2)立德树人，全面推动专业人才培养模式改革

——深化思教融合，构建立体式思教融合体系。发挥首批广西高校“三全育人”综合改革示范院系、新时代高校党建工作标杆院系的战斗堡垒作用，将党建引领与人才培养深度融合，构建立体式思教融合体系，将思想价值引领融入教学，贯穿于教育教学全过程各环节。修订完成专业课程教学大纲，实现课程思政要素全融入。突出地理学专业课程思政的育人功能，注重培养学生家国情怀、科学素养、人文素养和实践精神。充分挖掘百色起义、湘江战役等红色资源，把思政教育融入野外实习过程；依托精准扶贫第三方评估等社会服务项目，打造思政教育、专业教育有机融合的社会实践课程。

——深化科教融合，加强科研与教学互促循环。聚焦科研主攻方向，持续推进北部湾环境演变与资源利用教育部重点实验室建设，成立地标作物大数据工程技术中心、北部湾智慧海洋牧场工程研究中心、乡村振兴研究院等平台，构建地理与资源环境学科的创新平台集群，支撑高质量人才培养。强化科教融合，注重教学与科研互促循环，把教学“问题”转变为科研“课题”，把优质科研资源转化为优势教学资源，科研成果进教材、进课程、进实验；实施本科导师工程，引导学生参与科研课题，指导学生开展科学研究，真实体验科研育人，提升学生的高阶思维能力，突出创新应用能力培养。

——深化产教融合，增强人才培养行业适应性。依托教育部首批“新工科”项目，以“产教融合”为导向，推动实现产业链、创新链、教育链“三链协同”。与行业龙头企业协同打造地理信息产业学院等一批协同育人平台，引导推动人才培养供给侧改革。围绕自然资源和生态环保产业链，对接岗位需求，优化课程链；校企联合开发课程、实施课程教学，工程师进学校，项目案例进课堂；依托项目研发问题指导学生开展创新训练项目设计和毕业论文选题/设计，利用企业先进技术、优势资源和优秀文化促进教学，锻造具备较强的专业能力和行业适应能力的复合型人才。

——深化创教融合，培养学生创新精神和能力。构建渐进阶梯式创新创业能力培养体系，将双创教育阶梯式贯穿育人全过程，课程传授创新知识、科研课题培养创新能力、学科竞赛强化创新实践、毕业论文/设计夯实创新应用，校企联合共建一批共享型创新创业实验室和创新创业实践基地。深化协同育人模式，整合多方资源，构建四级(国家级、省部级、校级、院级)学科竞赛和创新创业训练体系，坚持赛创融合、以赛促创，引导更多学生参与高水平学科竞赛和创新创业训练活动，多层次、多渠道地培养学生“双创”精神和综合专业能力。

(3)强化保障，打造复合共享型的平台支撑体系

——打造学科课程基地，助力基础教育学科协同提质。以南宁一中为基地学校，以南宁三中、柳州高中、贺州高中等示范性高中为实验学校，共建高中地理学科课程基地，集聚高校专家、教研员、教学名师组建学科课程基地指导团队，搭建高中课程教学改革实践平台、校本课程资源研发中心和卓越地理教师培养基地；深化校地合作、大中融合，组织开展新课程改革实践、学科教学研究和教研模式创新等课题研究，形成教研成果；贯通职前职后中学地理师资培养，助力中学地理教师全面发展，并反哺至高校地理科学专业人才培养，同时通过基地学校——实验学校示范引领，以点带面、辐射全局，促进民族地区基础教育地理学科课程的协同提质。

——搭建现代产业学院，推动教育链产业链联动发展。立足自然资源领域行业，深化校企合作、产教融合，搭建应用型协同育人平台。学校联合华蓝设计(集团)有限公司、广西自然资源信息中心、南方测绘公司等龙头企业，组建地理信息产业现代产业学院，以“数字技术”为核心支撑，改造升级地理科学应用型本科专业；以现代产业学院为平台，贯通产学研链，协同培养高素质的地理科学复合型人才，支撑国土空间规划、生态保护与修复、防灾减灾和耕地保护等自然资源监管职能变革，引领创新美丽乡村建设，助力乡村振兴战略实施。

——组建虚拟教研室，打造区域专业建设协同提质共同体。牵头联合西南大学、贵州师范大学等地理科学国家一流本科专业建设高校，带动广西师范大学、北部湾大学、广西民族师范学院、黔南民族师范学院等高校，共建地理科学教育部虚拟教研室，协同共享人才培养方案、教学大纲、教学案例、实习实训项目等教学资源；充分运用信息技术，探索突破时空限制、“线上+线下”结合的教师教研模式，形成基层教学组织建设管理的新思路、新方法、新范式，促进西南片区地理科学一流专业建设和人才培养协同提质。

(4)质量为本，构建持续改进的质量保障体系

——构建系统完备、协同规范的质量保障体系。围绕学校发展定位及人才培养目标，全面制定、优化教育教学质量标准，对教学建设、课堂教学、学生学业、教学管理等各教学环节的质量标准均做了明确规定，形成涵盖本科教学活动全过程、全方位的质量标准制度体系。学院建立管理队伍、教学督导、教师、学生多元评价主体共同参与的教师、专业、院系、学校的四级质量信息反馈体系；构建院长、教学指导分委员会、教学督导分委员会、教学系共同参与的质量监控保障系统。实施教学质量的全过程、全方位、多层次监控与评价，促进教学质量的提高。

——循环闭合、持续改进提升人才培养质量。以“学生中心、产出导向、持续改进”的理念，依据各教学环节质量标准和 PDCA(计划—执行—检查—改进) 质量改进理论，建构了包含目标、标准、运行、监测、反馈、改进六个环节相互衔接、循环闭合、持续改进的教学质量保障体系，形成了任务明确、职责清晰、互相协调、互相促进的教学质量管理的有机整体和质量监控机制，实现集教学质量预防性控制、教学过程实时监控和教学信息反馈调控全程的教学质量综合调控。完善督教、督学、督管，实施全程、全面、全员监控，强化评价结果的应用，保障复合型专业人才培养质量提升。

3.3 改革主要成效

南宁师范大学按照“突出优势，强化特色”基本思路，持续强化学科特色打造和特色学科建设，以地理学为主干，资源、环境等学科为支撑，深化学科交融、科教融合和产教融合，着力打造地理科学专业集群。通过建设多学科交融的科创平台、多主体协同的教研组织、多主体共建的产业学院、多渠道构建社会服务形式、多举措的三全育人综合改革，搭建了产业链、教育链、创新链“三链”有机衔接的协同创新平台，强化三全育人与课程思政，专业建设水平和人才培养质量显著提升。主要成效如下：

(1)专业建设取得显著成效。地理科学(师范)专业首批通过教育部师范专业二级认证，地理科学专业入选国家级一流本科专业建设点；地理信息科学、人文地理与城乡规划专业入选省级一流本科专业建设点。参加省级专业综合评估，1个专业获评五星级、2个专业获评四星级。获批1个教育部地理科学专业虚拟教研室，建成2门国家一流本科课程，2门课程入选省级课程思政示范课程；荣获广西高等教育教学成果奖5项。

（2）人才培养取得显著效益。近5年，为国家培养输送地理与资源环境专业人才2000余人，初次就业率均在90%以上，考研升学率稳定在20%左右，就业与专业相关度达85%，就业满意度超85%，82%以上毕业生就业于边疆民族地区，遍布广西区内高校科研院所、政府部门、企事业单位和基础教育学校。学生获中国国际"互联网+"大赛国家银奖2项，获省级及以上竞赛奖项120余项。

（3）校地共生彰显办学特色。依托学科基地平台，积极开展课程改革实践、学科教学研究、学科测量评价和教研模式创新研究，充分发挥"学科基地"的示范、引领作用，整体推进区域高中课程改革和素质教育，促进区域中学地理教师整体素质的提升。5年来，在基地实验学校中，李俭、毛秀英、吴超、邱林英等10余位教师晋升中学地理正高级教师，占全区中学地理正高级教师50%以上，4项合作成果获得广西基础教育教学成果奖。

（4）服务社会发展贡献卓著。充分发挥学科优势，服务地方高质量发展。参与举办各类扶贫干部培训班、致富带头人和农业经理人培训班50多班次，培训各级扶贫干部或学员3万余人；连续5年承担国家扶贫开发成效考核第三方评估任务，被国务院扶贫办授予"2019年扶贫开发工作成效第三方评估先进集体"，荣获全区脱贫攻坚先进集体、自治区先进基层党组织和全国工人先锋号等荣誉。

（5）学科专业影响力显著提升。2023、2024软科中国最好学科排名，我校地理学科连续2年排名第17位（前20%），与2022年相比上升10位。近年来，国内外10余所高校地理学院（系）来校学习交流"大地理"人才培养模式，在全国性会议作专题报告10余次；出版教研专著3部、发表30余篇论文推广学校"大地理"人才培养经验；学校的人才培养模式被新华在线、广西日报等主流媒体报道，社会影响广泛。

参考文献

[1] 汪明义，康胜. 新时代地方高校构建高质量人才培养体系的维度与实践[J]. 现代教育管理，2022(5)：17-24.

[2] 张应强，张怡乐. 我国本科教育人才培养目标的历史演进及其基本特征：基于政策文本的分析[J]. 江苏高教，2023(10)：13-21.

[3] 钟海青. 地方高校办学特色的培育与发展[J]. 中国高等教育，2012，491(22)：18-20.

[4] 郭善利. 产教融合、服务地方，走地方高校发展的特色之路[J]. 山东教育(高教)，2019，1089(11)：11.

[5] 潘懋元. 多学科观点的高等教育研究[M]. 上海：上海教育出版社，2001：11.

[6] 陈思捷，姜星海. 论我国大学教育理念：含义、发展与特点[J]. 北京教育(高教)，2024(3)：19-22.

[7] 赵哲，杨怡菲. 观念与文化：论高校教学制度的构建——基于新制度主义理论的视角[J]. 当代教育科学，2016(21)：36-38.

[8] 眭依凡，王改改. 全面提高自主培养质量：大学人才培养模式创新行动的逻辑[J]. 江苏高教，2023(9)：21-28.

[9] 金一平，吴婧姗，陈劲. 复合型人才培养模式创新的探索和成功实践：以浙江大学竺可桢学院强化班为例[J]. 高等工程教育研究，2012(3)：132-136，180.

[10] 陶政宇，李楠. 高校教学评价制度对教师教学绩效影响的实证研究：基于全国 63 所高校的数据检验[J]. 黑龙江高教研究，2024，42(6)：30-37.

[11] 詹淑兰. 高校教师教学评价：内涵、困境与超越[J]. 教师教育论坛，2022，35(9)：15-20.

[12] 吴淑娟. 地方高校教学评价制度的审视与优化[J]. 高教论坛，2022(6)：79-82.

[13] 齐凤伟，王少媛，刘国瑞，等. 迎接 21 世纪的挑战高等学校培养复合型人才的模式与对策[J]. 吉林教育科学，1997(11)：10-15.

[14] 石宪昌. 培养复合型人才是新世纪的需要[J]. 郑州大学学报(哲学社会科学版)，1995(3)：83-86.

[15] 赖江梅. 复合型人才培养与教师队伍结构优化[J]. 广西高教研究，2000(1)：93-95.

[16] 姜春露，郑刘根，张文媛，等. 地质学专业复合型创新人才培养模式探索与实践：以安徽大学为例[J]. 高教学刊，2020(13)：30-33，38.

[17] 潘春胜，刘聃. 美国复合型人才培养模式的特征及其启示[J]. 浙江工贸职业技术学院学报，2013，13(4)：5-8.

[18] 郭跃，李孝坤. 地理科学专业导论[M]. 北京：科学出版社，2018：127-128.

[19] 郑度. 学科融合提升地理学综合研究水平[J]. 经济地理，2018，38(8)：1-4.

[20] 宋长青. 新时代高等学校地理学科建设理念与实施策略[J]. 北京师范大学学报(自然科学版)，2022，58(3)：511-516.

[21] 张涛，吴颖斌，朱少君，等. 关于开展自然资源调查监测体系构建工作的思考[J]. 测绘与空间地理信息，2023，46(4)：1-4.

[22] 刘聚海，程立海，耿雯，等. 数字时代背景下自然资源信息化科技创新若干问题探讨[J/OL]. [2023-04-30]. http：//kns. cnki. net/kcms/detail/10. 1797. N. 20230329. 0925. 002. html.

[23] 廖小罕. 地理科学发展与新技术应用[J]. 地理科学进展，2020，39(5)：709-715.

[24] 卢远，罗国玮，张建兵，等. 地方高校地理科学类应用型专业产教融合实践研究：以南宁师范大学为例[J]. 高教论坛，2023(10)：48-51.

第 4 章

师范专业认证背景下地理科学专业人才培养模式的改革实践

4.1 师范专业认证的内涵

4.1.1 师范专业认证的背景

2014 年 12 月，教育部为规范和引导高校师范类专业建设，发布了《教育部关于开展师范类专业认证试点工作的通知》(以下简称《通知》)(教师司函〔2014〕98 号)，决定在江苏、河南和广西等省区开展师范类专业认证试点工作。重点完善师范类专业认证国家标准、研究制定师范类专业认证办法和探索师范类专业认证模式。2017 年 11 月，教育部颁发《普通高等学校师范类专业认证实施办法(暂行)》(以下简称《办法》)[1]，《办法》确立了以“学生中心、产出导向、持续改进”为核心的基本理念，明确了学前教育、小学教育和中学教育三类认证标准和三级监测认证体系，并开始在全国范围内开展师范类专业认证工作。从内涵上来说，师范专业认证是指由专门的机构(或行业协会)组织的专业人员按照既定的标准对自愿接受认证的高校师范类专业进行核查、评估的过程，并在这个过程中帮助其发现问题、改进不足，从而实现专业办学质量的提升[2]。通常包括五个阶段：申请阶段、自评阶段、资料预审阶段、现场考察阶段和申诉与复议阶段。

《办法》对师范专业建设实行分级管理，合理分解内部质量保障目标，形成三级目标体系即基本目标、合格目标和卓越目标。其中：一级为基本监测，主要依托教育质监大数据平台，建立起对应的办学监测机制，从而动态监测院校的办学情况。一级基本认证是最低层级认证，是各级师范类院校办学所必须具备的条件。二级为教学质量合格认证，是以学校专业化发展及课程标准为基础，助力教师专业化成长，强化教师师德意识，达成课程教学目标，并建立持续改进机制，确保院校教学质量达标。二级认证是基于国家合格标准，对院校教学质量是否达标的全面判定。三级为教学质量卓越认证，其目的是建立健全的人才培养体系及常态化的教学质量改进机制，将国际先进教育水平作为赶超目标，以打造"双一流"为标杆，切实提高教师队伍水平和院校在国内外的影响力。三级认证的核心在于"卓越"，不仅要创建国内一流院校，同时在国际上领先，推动中国教育迈向新台阶[3]。

2019 年 4 月，教育部办公厅印发《关于实施一流本科专业建设"双万计划"的通知》(以下简称《通知》)。决定以"分赛道""两步走"为原则，面向各类高校、面向全部专业建设 1 万个左右国家级一流本科专业点和 1 万个左右省级一流本科专业点。"分赛道"原则：中央部门所属高校、地方高校名额分列，向地方高校倾斜；鼓励支持高校在服务国家和区域经济社会发展中建设一流本科专业"两步走"原则：报送的专业第一步被确定为国家级一流本科专业建设点；教育部组织开展专业认证，通过后再确定为国家级一流本科专业。此外，一流本科专业建设和师范类专业认证都是坚持"学生中心、产出导向、持续改进"的基本理念。因此，专业认证成了当前师范院校开展一流本科专业建设重要的"切入点和突破口"，"学生中心、产出导向、持续改进"基本理念也成了师范院校一流本科专业建设必须遵循的基本原则[4]。

4.1.2 师范专业认证的基本理念

(1) 坚持"学生中心"原则

学生中心，强调遵循师范生成长成才规律，以师范生为中心配置教育资源、组织课程和实施教学[1]。具体而言，在教学目标的制定上，要将知识传授、能力提升、价值塑造有机结合起来，引导学生全面成长。在专业必修课程上，以学生为中心，改"以教定学"为"以学定教"。在专业课程建设上，坚持学科交叉的理念，加强与学科专业的协作，提高地理科学师范生的科研能力和学术素养。在授课形式上，增加研讨型、研究型课程等以学生为主体的形式，培养学生的教学研究能力。在教学过程的设计上，要强调自主学习能力和创新思维能力的养成，引导学生进行自主性学习、高阶性学习和反思性学习。在教学方法的选择上，要采用以学生为中心的教学方法，引导学生积极参与教学活动，主动融入教学过程。在教学评价的改革上，要从注重教学评价转向加强学习评价，引导学生提升学习的计划性、主动性和自觉性[5]。

(2) 坚持“产出导向”原则

产出导向，强调以师范生的学习效果为导向，对照师范毕业生核心能力素质要求，评价师范类专业人才培养质量[1]。产出导向教育理念强调以学生的学习成果为准，聚焦学生毕业时“能做什么”。具体而言，人才培养目标、教学要求和毕业要求的制定都要以提高学生就业能力、满足学生职业发展需求为首要前提。其中，人才培养目标要涵盖服务面向、育人理念、职业能力和基本素养，兼具标准性和导向性；教学要求要注重专业知识提升、实践能力培养和核心素养养成三者之间的融合，有效支撑师范类专业毕业要求；毕业要求要明确要求学生具有良好的道德情操、职业精神和社会责任感以及终身学习的意识和自主学习的能力。教师教育课程设计，要以学生需求及用人单位需求为出发点，突出实践应用及问题探究，关注教育现实及教育改革，围绕教育场域的实践性问题来反向重构课程内容体系[6]。

(3) 坚持“持续改进”原则

持续改进，强调对师范类专业教学进行全方位、全过程评价，并将评价结果应用于教学改进，推动师范类专业人才培养质量的持续提升[1]。具体而言，就是要通过建立和完善课程目标达成评价机制、培养目标达成评价机制和毕业要求达成评价机制，构建教学质量保障机制，营造人人重视教学质量的质量文化氛围，推动人才培养质量持续提升。其中，课程目标达成评价机制应涵盖课程标准合理性和课程目标达成度评价两个方面；培养目标达成评价机制应包括培养目标合理性和达成度评价两个方面；毕业要求达成评价机制应囊括毕业要求及其指标点分解的合理性、课程体系的合理性以及毕业要求达成度评价三个方面。借助师范认证及 OBE 教育理念，构建校内、校外全方位参与的评估体系：由教育局专家、校内专家、专业骨干教师和在校学生共同组成内部评价；

由毕业 5 年左右的毕业生、用人单位、企业同行专家等利益相关方组成外部评价。健全社会评价反馈体系，以反馈结果评定高校人才培养目标的达成度，从而促进地方高校的培养目标、毕业条件、课程体系、教学质量等方面的人才培养工作进行评价与持续改进[7]。

4.2 地理科学(师范)专业人才培养的发展历程

4.2.1 专业发展历程

南宁师范大学地理科学(师范)专业始建于 1978 年，1979 年开始招收本科生。办学 45 年来，南宁师范大学始终坚守师范本色，以服务广西基础教育和社会发展为己任，培养了 6000 多名中学地理教师，为祖国南疆教育事业和广西地方经济社会发展作出了积极贡献。学校坚持“建一流学科，创知名专业”的办学理念，依托地理学广西一流学科，以实施“质量工程”为抓手，特别是“教学团队建设”“特色专业建设”“精品课程建设”“陶行知卓越教师培养实验班”，以及“双一流建设”等质量工程项目，大力推进专业建设和人才培养模式改革，在学科建设、专业建设、人才培养、实践基地、科学研究和社会服务等方面取得了一系列优异成绩。同时，围绕西南喀斯特、西江流域、边境地区、北部湾海岸带等南方地区的自然地理和人文环境，开展地理野外实习基地路线建设，开展专业实习实践教学。地理科学(师范)专业先后获批广西精品专业(2003 年)、广西高校优质专业(2006 年)、教育部高等学校特色专业建设点(2007 年)、广西高校特色专业及课程一体化建设项目(2011 年)、广西高校优势特色专业建设点(2014 年)，2016 年通过教育部师范类专业认证(试点)；2018 年地理学入选广西一流学科；2019 年入选广西一流本科专业，2019 年通过教育部师范专业二级认证；2020 年入选国家一流本科专业建设点。

4.2.2 专业定位与培养目标

2016 年，教育部启动师范专业认证工作，提出了“学生中心、产出导向、持续改进”的认证理念。2016 年教育部率先在江苏和广西开展了师范类专业认证试点。我校地理科学专业作为试点认证专业首批参加教育部师范专业认证打样工作。经广泛调研，对标新时期基础教育改革和教师教育发展的新要求，对地理科学(师范)专业的人才培养模式和支撑体系进行了系统性改革和建设，将专业培养目标优化为“培养具有家国情怀和高尚师德，乐于扎根民族边疆地区、服务基础教育事业，掌握教育规律与先进教学理念、教育教学技能和方法，具备扎实的地理学基础知识和专业实践技能，具有创新思维和专业发展能力，能够在中等学校胜任地理教育、教学研究与教育管理等工作的专业人才”。2019 年，地理科学专业首批通过教育部师范专业二级认证。

近年来，地理科学(师范)专业又以国家级一流本科专业建设为契机，以地理学省级一流学科建设和多项省部级教改项目为支撑，以 OBE 理念为指导，通过师范专业认证持续改进，重新审视专业人才培养模式，着力加强学科平台建设、师资队伍建设、课程思政建设，优化课程体系、更新教学内容、创新实践教学、革新学习方法、完善实践教学体系和强化师范大学—地方政府—中小学校(U-G-S)合作育人模式，构建了多元多维协同的地理科学(师范)专业人才培养体系。

4.3　基于专业认证构建地理科学(师范)专业人才培养体系

4.3.1　贯彻认证理念，完善人才培养方案

(1)优化专业培养目标

专业培养目标是大学育人的起点，专业建设首要任务就是确立专业培养目标。“十四五”期间，南宁师范大学提出“努力建设教师教育国内一流、服务发展贡献卓著、辐射东盟影响广泛的高水平师范大学”的发展目标。作为学校的优势特色专业，如何从学校的发展定位出发，优化专业定位与培养目标，成为一流本科专业建设的关键。为此，我们坚持采用 OBE 理念，从学校发展定位出发，对标新时期基础教育改革和教师教育发展的新要求，对此进行了广泛的社会调研，将服务国家和社会需求作为重点，明确培养基础教育卓越地理师资作为专业建设方向，结合学生的发展历程，进而完成了人才培养目标的确定，形成了本专业特色的基于能力和应用的培养目标。

(2)建立科学的毕业要求体系

毕业要求体系以知识为基础，以能力为中心，明确说明学生毕业时所应该拥有的能力。在设定毕业要求时，紧扣专业培养目标，严格按照《普通高等学校本科专业类教学质量国家标准》和《中学教师专业标准》，从知识、能力和素质三个维度对地理科学(师范)专业的毕业要求进行综合界定，突出以学生为中心，明确学习的目标，强调学生学到了什么，掌握了什么知识、技能和素质，从践行师德、学会教学、学会育人、学会发展等四方面详细阐述了本专业毕业生所应具备的知识与能力，并注重指标的可衡量性，形成师范专业特色的毕业要求。毕业要求反向能够完全地支撑培养目标。

(3)打造科学合理的课程体系

高校对学生的教育培养都要落实在课程上，科学的课程体系是达成毕业要求的保障，这就要求课程体系必须是对毕业要求的充分支撑，科学地打造课程体系是实现培养目标的关键。根据 OBE 理念的要求，课程目标应当对毕业要求形成一一对应的支撑。根据国家质量标准、师范认证要求和毕业条件，地理科学(师范)专业按照“基础宽厚、专业精新”“优化结构、强化实践”等原则重构课程体系，结合学科优势和科研优势，统筹安排学科基础和专业发展课程。此外，根据地理学科素养的内容，设置自然地理、人文地理、信息地理和地理实践力等课程模块，依托40多年实践优化的野外实习路线，强化师范生的地理学科基础、地理科学思维、地理人文精神、地理信息技术和地理实践能力，从而形成了既有扎实的专业体系，又有鲜明地理学科特色的人才培养课程体系。

(4)精心设计课程教学大纲

教学大纲是教师实施课程教学的根本依据，教学大纲不仅要明确课程性质，更要明确课程目标，明确课程旨在培养的核心能力或技能，课程目标与其支撑的毕业要求一一对应。面向师范专业认证的课程教学大纲设计，需要紧密围绕师范生的核心能力培养展开。首先，确保课程目标的设计涵盖专业知识、教学技能、师德教育等方面，以支撑师范生的全面发展。其次，构建科学合理的课程内容体系，注重基础性、科学性、实践性，将师德教育有机融入课程教学中。在教学方法上，采用多样化的教学手段，如讲授、讨论、案例分析、模拟教学等，以培养师范生的教学设计和实施能力。同时，要明确评估标准和考核方法，注重过程性评价与结果性评价相结合，以全面评价学生的学习成果。

(5)进一步强化课程考核的达成度

区别于传统课程考核，贯彻产出导向(OBE)理念的课程考核，首先要明确考核目标，不是对学生掌握知识的状况进行简单考核，而是包括知识、能力和素质三方面的综合考核，这些考核目标直接对应师范生的毕业要求和职业核心能力。其次，设计考核内容与方式时，需紧密围绕学习成果展开，确保考核能够全面、准确地反映学生是否达到了预定的学习成果。采用多样化考核手段，如案例分析、教学设计、课堂模拟等，以评估学生的实际应用能力和综合素质。同时，建立持续改进机制，通过定期收集和分析考核结果，及时发现教学过程中的问题与不足，并据此调整教学策略、优化课程内容，以确保课程目标的有效达成。

4.3.2　明确成果导向，强化培养支撑体系

(1)构建 U-G-S 协同育人共同体

打造学科课程基地，助力基础教育学科协同提质。与南宁一中共建高中地理学科课程基地，集聚高校专家、教研员、教学名师组建学科课程基地指导团队，搭建高中课程教学改革实践平台、校本课程资源研发中心和卓越地理教师培养基地；深化校地合作、大中融合，组织开展新课程改革实践、学科教学研究和教研模式创新等课题研究，形成教研成果；贯通职前职后中学地理师资培养，助力中学地理教师全面发展，并反哺至高校地理科学专业人才培养，同时通过基地学校—实验学校示范引领，以点带面、辐射全局，促进民族地区基础教育地理学科课程的协同提质。

(2)打造区域专业建设协同提质共同体

牵头联合西南大学、贵州师范大学等地理科学国家一流本科专业建设高校，带动广西师范大学、北部湾大学、广西民族师范学院、黔南民族师范学院等高校，共建地理科学教育部虚拟教研室。依托虚拟教研室，组团持续在平台

共享国家级一流教学课程，协同共建人才培养方案、教学大纲、教学视频、电子课件、教学案例、实验项目、实训项目等教学资源，形成优质共享的教学资源库。充分运用信息技术，探索突破时空限制、"线上+线下"结合的教师教研模式，定期开展交流研讨活动，形成基层教学组织建设管理的新思路、新方法、新范式，有助于锻造一批高水平教学团队，培育一批教学研究与实践成果，打造教师教学发展共同体，全面提升教师教学能力，促进西南片区地理科学一流专业建设和人才培养协同提质。

(3) 强化实践教学提升学生实践能力

实践性强是地理科学的突出特点，建立科学、合理、循序渐进的教学设计，与课堂理论教学形成协同交叉的野外实践教学新体系，是实现地理学本科人才培养质量提升的重要环节。通过不断优化课程体系与课程教学大纲，构建"基础—专业—综合"系统化"三阶训练"复合型专业实践教学体系，凸显实践教学对人才培养的锻造作用。结合课程实习，建立课内和课外相结合的地理综合实习实践教学模式。野外实习实践中自然地理学主要安排地质地貌实习、植物地理实习、土壤地理实习、气象水文实习等，人文地理学主要安排经济地理实习、城市地理实习和旅游地理实习等，还有区域地理综合调查等专业实习。教育教学实践安排有教育见习、教育实习和教育研习等环节。围绕专业实习实践的需求，建立了大明山、十万大山、防城港海岸、乐业天坑、桂林漓江、柳州工业、中越边境等 10 多条稳定的野外地理实习实践路线，与 20 多所中学共建教育教学实践基地。

(4) 构建立体式思教融合体系

立德树人是人才培养的根本任务，地理学研究面向广阔的自然世界和身边的人文社会，是培养学生家国情怀的优良素材，科学、恰当、自然地融入立德教育内涵是地理科学专业人才培养的重要内容。发挥首批广西高校"三全育人"综合改革示范院系、新时代高校党建工作标杆院系的战斗堡垒作用，将党建引领与人才培养深度融合，将教师和学生课程思政有机融为一体，构建立体式思教融合体系，将思想价值引领融入教学，贯穿于教育教学全过程各环节。修订完成专业课程教学大纲，实现课程思政要素全融入。突出地理科学专业课程思政的育人功能，注重培养学生家国情怀、科学素养、人文素养和实践精神。

充分挖掘百色起义、湘江战役等红色资源，把思政教育融入野外实习实践过程；依托精准扶贫第三方评估等社会服务项目，打造思政教育、专业教育有机融合的社会实践课程。

(5)深化创教融合培养学生创新能力

深化创教融合，培养学生“双创”精神和能力。构建渐进阶梯式创新创业能力培养体系，将双创教育阶梯式贯穿育人全过程，课程传授创新知识、科研课题培养创新能力、学科竞赛强化创新实践、毕业论文/设计夯实创新应用，校企联合共建一批共享型创新创业实验室和创新创业实践基地。深化协同育人模式，整合校内校外多方优质资源，构建四级(国家级、省部级、校级、院级)学科竞赛和创新创业训练体系，组织学生参加国家级、省部级大学生创新创业训练计划、“挑战杯”中国大学生创业计划竞赛、全国师范院校师范生教学技能大赛、中国高校地理科学展示大赛，坚持赛创融合、以赛促创，引导更多学生参与高水平学科竞赛和创新创业训练活动，多渠道、多维度培养学生“双创”精神和能力。

4.3.3　加强质量监控，深化持续改革机制

(1)构建完善教学质量标准和制度体系

强化专业认证的师范特色，把握师范专业认证的基本内涵，理解师范类专业培养优秀师资的发展使命，按照教师教育的专业特点来开展教学质量保障工作。一是出台了《师范类专业教学主要环节质量标准》，在培养目标达成、毕业要求达成、课程目标达成、人才培养方案、课程教学大纲、教材选用、课堂教学、课程考核、毕业论文工作、本科专业实习、师范生“三习”、教育实习指导等十二个教学环节制定出质量标准，基本涵盖师范生培养全过程。二是学校按照教师管理、学生管理、教学实施管理、教学建设管理四大板块，制定(修订)《本科教学质量监控管理规程》等教学管理文件，不断完善教学管理制度体系，为保障本专业教育教学的秩序提供制度保障。

(2)强化质量保障体系运行的有效度

学校通过教学计划监测、教学过程监测、教学建设监测等多种途径开展内

部教学质量监控。出台有《本科教学质量评价与持续改进工作实施办法》，围绕专业建设、课程建设、课程实施、实践教学、师资队伍、学生发展、教学条件、管理评价等八个主要方面开展质量评价和持续改进，规范评价与反馈工作程序，形成运行、评价、分析、反馈、改进的质量管理闭环。加强质量保障机构和队伍建设。学校独立设置教育评价与教师发展中心，建设校院(部)两级专兼职教学督导队伍和教学信息员队伍。学院党政联席会、教学指导委员会为院级本科教学的决策机构，主要开展培养目标、教学计划、院级教学管理相关规定的制定与督办，促进教育教学质量提升。同时设置专业负责人，对专业培养方案执行改进、教学质量监督监控负责。

(3)健全人才培养目标达成度评价机制

学校坚持“学生中心、产出导向、持续改进”教学理念，通过高等教育质量监测、本科教育教学审核评估、专业认证、专业评估以及第三方开展的毕业生就业质量跟踪调查等手段开展外部质量监控。一是学校制定了《本科人才培养质量达成度评价管理办法》《本科毕业生跟踪反馈与社会评价工作实施办法》《本科人才培养方案管理办法》，建立人才培养目标达成度评价及反馈机制，开展人才培养达成评价并持续改进，多维度、多视角监测评价人才培养质量。二是毕业生跟踪机制完整有效。学校出台《本科毕业生跟踪反馈与社会评价工作实施办法》，每年委托第三方开展毕业生就业质量跟踪调查及毕业生中期发展和培养达成评价调查，强化毕业生就业跟踪与服务，建立并持续完善了“学校—学院—辅导员—毕业生”四级跟踪联动机制。

4.4 专业建设成效

南宁师范大学地理科学(师范)专业2019年首批通过教育部师范专业二级认证，2020年地理科学专业入选国家级一流本科专业建设点，2022年省级专业综合评估中获评五星级专业。牵头组建的地理科学教研室入选教育部虚拟教研室，建成2门国家一流本科课程，2门课程入选省级课程思政示范课程。近5年培养输送600余名毕业生，学生的从教信念坚定、学科素养扎实、创新能力突出。近5届“全国高校地理师范生教学技能大赛”获一等奖4项，广西“全区高校师范生技能大赛”一等奖 4 项。学生获中国国际“互联网+”大学生创新创业大赛国家银奖 2 项，获省级及以上竞赛奖项 120 余项。

依托学科基地平台，积极开展课程改革实践、学科教学研究、学科测量评价和教研模式创新研究，充分发挥“学科基地”的示范、引领作用，整体推进区域高中课程改革和素质教育，促进区域中学地理教师整体素质的提升[8-9]。5 年来，在基地实验学校中，李俭、毛秀英、吴超、邱林英等 10 余位教师晋升中学地理正高级教师，占全区中学地理正高级教师 50%以上；与南宁三中、南宁三十三中、邕宁高中等学校多项合作研究成果获得广西基础教育教学成果奖。依托学科基地平台，积极参与并成功承办了多期“国培计划”和“省培计划”项目，培训教师数量众多，覆盖地区广泛，有效提升了区域内地理学科教师的专业素养和教育教学能力[10]。

参考文献

[1] 教育部. 教育部关于印发《普通高等学校师范类专业认证实施办法(暂行)》的通知[J]. 中华人民共和国教育部公报，2017(12)：35-99.

[2] 田腾飞，任一明. 高校师范专业认证的总体设计及实践探索[J]. 重庆师范大学学报(社会科学版)，2018(3)：69-74.

[3] 唐成燕. 基于师范类专业认证标准的高校教师内涵发展路径[J]. 高教学刊，2021，7(16)：160-163.

[4] 李秀萍. 师范专业认证理念下地方高校一流英语本科专业建设探究[J]. 榆林学院学报，2024，34(1)：118-122.

[5] 刘颖. 师范专业认证背景下高校地理科学专业人才培养模式优化探讨：以西华师范大学为例[J]. 地理教育，2019(S1)：26-27.

[6] 李文翎，何亚琼，陈小梅. “新师范”背景下人才高质量发展：以广州大学地理科学专业为例[J]. 高教学刊，2024，10(5)：139-144.

[7] 王勇. 专业认证背景下师范院校内部质量保障体系构建研究[J]. 中国高等教育，2019(7)：39-40.

[8] 张胜前. 建设优势特色地理专业培养优秀地理教育人才[J]. 内蒙古师范大学学报(教育科学版)，2017，30(9)：94-97.

[9] 张胜前. 注重内涵建设彰显师范特色创建一流专业：基于持续改进理念的地理科学

师范专业建设探索与实践[J]. 内蒙古师范大学学报(教育科学版), 2020, 33(4): 22-25.

[10] 卢远, 罗国玮, 张建兵, 等. 地方高校地理科学类一流专业协同创新探索与实践——以南宁师范大学为例[J]. 高教学刊, 2024, 10(26): 34-38.

第 5 章 人文地理与城乡规划专业“产学研用”一体化育人模式的改革实践

5.1 专业改革背景

2019 年，教育部办公厅发布《关于实施一流本科专业建设“双万计划”的通知》(教高厅函〔2019〕18 号)，提出“优化专业结构”“打造特色优势专业”“全面提升人才培养质量”“增强创新精神、实践能力和社会责任感”等专业建设要求，以“适应国家和区域经济社会发展需要”，其中人文地理与城乡规划专业属于一流专业建设中重要的专业建设类别，属于“新工科”中理工融合的综合性人才培养体系。2022 年 3 月教育部高等教育司关于印发《教育部高等教育司 2022 年工作要点》，明确提出加强国土空间规划领域紧缺人才培养，要加快国土空间规划等紧缺领域新形态教学资源建设。

在当前国土空间规划变革背景下，学科发展趋向以空间规划为核心、多学科交叉协作的特点，包括宏观和微观、整合局部、陆域和海域的全面统筹下总体规划、城市设计、专题研究、专项规划等规划体系和自然资源和不动产调查、确权登记、测量测绘、数据建库、监测评估、体检评估、用途管制管理、执法督察等业务需求更为庞杂，规划对象向全域全类型国土空间拓展，关于功能空间划定、空间开发强度管控和控制线划定、用途管制分区划分、自然生态空间分级分类管理等内容也急需纳入现行课程体系中。人文地理与城乡规划专业作为国土空间规划行业人才培养的重要专业，学科内容横跨理学、工学、管理学、艺术学等大类，专业教育需要覆盖包括城乡规划、土地利用规划、城市管理、土地管理等知识领域，专业教学面临有限课时与融贯庞杂知识点、培养实践创新能力等诸多要求的现实难题。人文地理与城乡规划专业办学不仅需要面向就业市场，还需要系统性构建多个相关学科协同合作共同培养人才的路径和方法，为国土规划行业提供“一专多能”的专业人才后备力量。

5.2 “产学研用”一体化育人模式的顶层设计

5.2.1 专业发展历程

南宁师范大学人文地理与城乡规划于 2010 年开始本科生招生，2020 年入选广西一流本科专业建设点，是广西一流学科(地理学)和省级示范性现代产业学院(自然资源数字产业学院)的核心专业。专业秉承人文地理与城乡空间规划并重、理工融合的办学理念，顺应国土空间规划管理部门调整人文地理学、城乡规划的基础理论和基本知识，应对城乡规划设计、国土空间规划、规划需求，服务自然资源部门及城乡规划行业，培养具有良好的科研素质和创新能力，通过学习信息技术等基本训练，掌握城乡规划设计和城乡规划管理的基本知识，具备从事国土空间规划、城市设计的高素质复合型专业人才。

5.2.2 专业改革理念

(1)响应高等教育“专业与行业对接、就业与职业衔接”的教育改革方针，立足本地城镇化建设和多规融合的国土空间规划行业改革，解决课程杂而不精、缺乏主干方向、与市场需求对接不紧密等问题，明确复合型、创新型、应用型的“一专多能”人才培养目标与培养方案。

(2)扎根理学基础发挥地理学优势，以广博的学科视角启迪广泛的学习兴趣和通识素养，与高校党建“四个融合”协同推进课程思政，解决学生重专业技术轻综合学科素养、重考试成绩轻全面发展、重就业需求轻职业规划等问题，达成“立德树人”“三全育人”目标。

(3)紧跟教育部“新工科”改革方针，以多学科共建的课程群和开放协作的专业集群突出“理工融合”，解决理学与工学门类、测绘地信与城乡规划之间长期存在横向壁垒和短期不稳定交流的问题，实现同类专业资源共享、平台共建、信息互动。

(4)坚持硬件软件两手抓，以“校企融合”“多单位联合”“专业实验室”等建设教学与实习实训平台，解决长期“产学研用”融合关键环节缺失和难以一体化闭环衔接的问题，把先进的行业技术、师资、实验室、大数据、虚拟现实应用等植入到现有的教学教育体系中，践行“教—学—训”全流程、全链条的人才培养模式(图 5-1)。

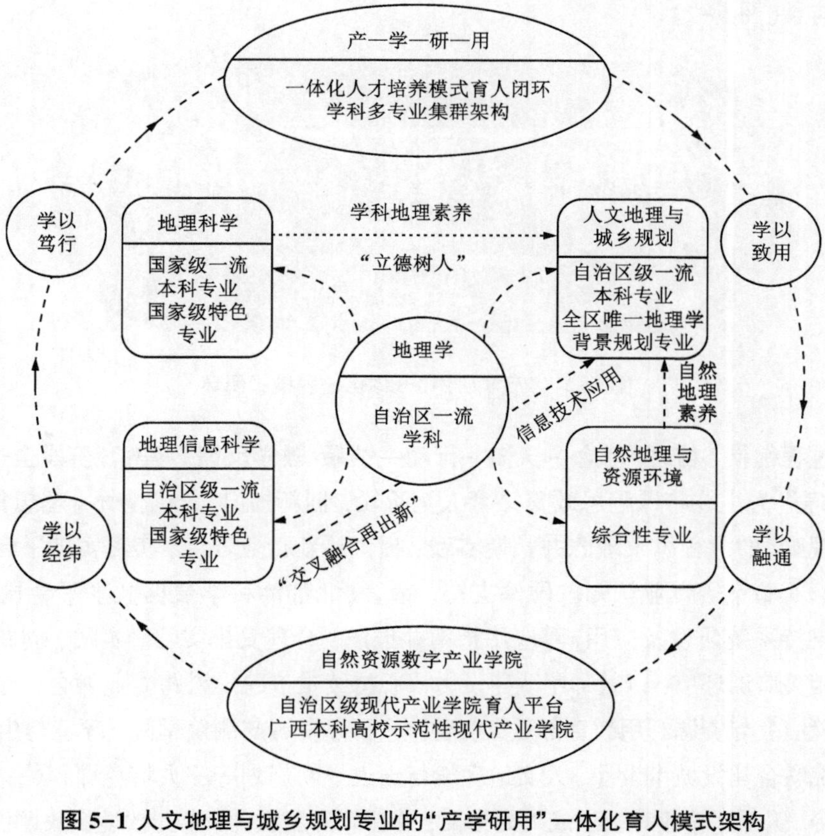

图 5-1 人文地理与城乡规划专业的“产学研用”一体化育人模式架构

5.2.3 专业改革思路

(1)构建层次性与系统性的“产学研用”一体化人才培养模式

体系搭建：构建层次性与系统性的“产学研用”一体化人才培养模式。坚持以学生为中心，梳理人才培养环节，面向“立德树人”多维育人目标，纳入多主体联合培养和采用多重教学方法，实现环环相扣、紧密协同的多维度、全方位、全过程、全闭环的工作思路，强化地学思维，培育专业特色，体现社会需求与行业前景(图 5-2)。

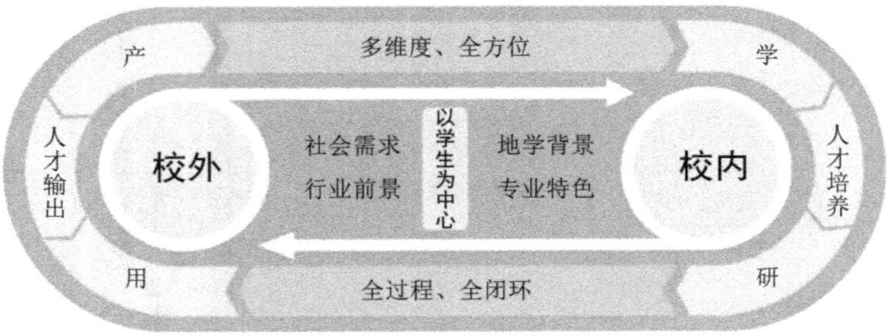

图 5-2 “产学研用”一体化培养模式闭环

过程衔接：梳理“理念—认知—行动—结果/教学反馈”等教育阶段全过程。以“德育”为主线将课程思政贯穿育人全阶段，创新提出“家国情怀、理想信念、全球视野”的课程思政理念并长期实践；提供最新行业咨询、实习实训平台、虚拟仿真实验室等专业认知软硬件支持，编著《北部湾科学数据共享平台构建与决策支持系统研发及应用》等应用指南并推广，合理安排实习、实践、创新、创业等相关培训环节；以教师团队建设为核心持续推进跨学科跨专业融合，与北部湾环境演变与资源利用教育部重点实验室、自然资源与测绘学院、环境与生命科学学院联合建设城市设计、人文地理学与国土空间规划等三大特色课程群；以学生竞赛、升学、就业等教学成果为指征，并持续开展教师评教、教学成效评价、学生意见征集等教学反馈。成果对行业专家、用人单位、历届在校生和毕业生开展三轮问卷调查，部分年级进行了追踪问卷调查，根据调查反馈情况，课程体系增设“广西民族特色村庄考察”内容，“加强法律法规学习、区域性综合性课题研究能力培养、提高学生综合协调配合乃至领导团队工作的能力”，完善培养方案。

目标分解：多维育人目标方面，树立“学以笃行—学以经纬—学以融通—学以致用”育人目标。培养适应社会与行业需求并兼具厚基础、宽视野的高素养人才，以及理工融合下理论与技术兼备的综合应用能力人才。专业从 2018 年起实行地理类大类招生，与广州南方测绘科技有限公司共建“南方测绘地理信息学院”入选教育部首批“新工科”改革与实践项目；提出专业核心技能有区域综合分析和评价能力、社会经济调查方法、空间分析与定量分析、沟通与团队协作四大能力，通过“行业项目—学科教育—专业技能”三大类模块梳理，分类分级有序构建主次层级知识体系。

平台协同：与企业、政府行业主管部门、技术平台等签订战略合作协议共建主体联合育人平台。具体包括 2017 年与广州南方测绘科技股份有限公司签署校企合作协议，2019 年与广西自然资源厅签订“产学研用”协同育人和科技攻关战略合作协议，2020 年入驻中国—东盟地理信息与卫星应用产业园共建地理信息产业科创平台，2021 年与华蓝集团等五家政(企)单位合作组建“产学研用”一体的现代产业学院；同时大力实施“卓越教师”“卓越工程师”“双师型教师”“名师培育工程”等，以教学团队为核心稳定教学质量、形成教学特长并带动“传帮带”教学传统。

以上教育模块内嵌在“产学研用”一体化框架中并相互对应(图 5-3)。

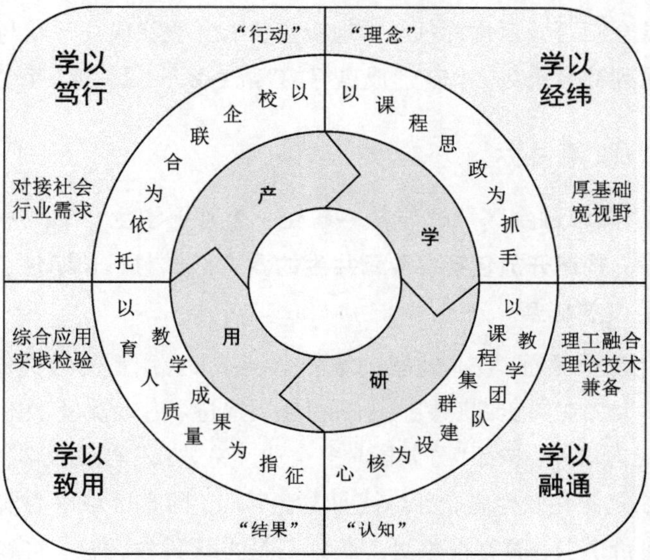

图 5-3　“产学研用”一体化育人模式教育模块对应

(2)融合 CDIO 理论和情境教学创新教学设计与教学方法

教学理论：融入工程技术学科的 CDIO(构思 conceive、设计 design、实施 implement 和运作 operate)教育理念和企业运营的 OBE(outcome based education)服务意识。

情境教学：以真实项目调研、招投标、方案汇报等具体场景展开教学内容，以“说服甲方”促使“项目实施”为激励，学生自行表达、逻辑思辨和选择决策，以处理复杂对象、多任务线展示综合能力和专业核心技能。

教学设计：在毕业设计指导中针对性开展城市新区热点建设区域城市设计实践，提出“静态+动态”“弹性+控制”“混合+融合”的“多维协同”模式和教学理论，帮助学生形成可持续应用的专业设计思维与方法。

教学方法：创新“快速方案练习”教学方法，发挥“小作业”比“大作业”更具“短、平、快”的特点，采用“基础手绘表现技法训练—场地分析与逻辑思维训练—小规模功能明确地块设计—大尺度复杂地区城市设计—方案汇报”的递进教学方法。

教学相长良性互动：组织学生参加“西部之光”大学生暑期竞赛、创业创新项目，关联教师横纵向课题的主题方向，同时以学生作品作为虚拟实验室案例库建设和展示素材；围绕“市—县(市、区)—镇—村特色选点”的思路选取实习实训地点，结合广西城镇化特色与本地特色；结合学院扶贫开发与乡村振兴工作，开展一系列社会服务工作，形成良好的“院—系—师—生”互动。

5.2.4 专业改革目标

(1)坚持“四个融合”，以“学校—政企—教师—学生”“四位一体”同步建设和协同推进，构建开放包容、多元共生的具有战略性、长期性、实践性的教学平台与专业发展链条

一是深化校企融通，与企业联动培养全链条、应用型的拔尖创新人才，学生“在校学习”与“在岗实训”并进，按照“能力递进、由表及里、由浅入深”系统化设计职业能力培养，按照“分阶段、多企业、递进式”实践教学，职业发展适应性更强。二是深化政企融合，与行业主管部门、国家区域中心实验室提升并延伸教育链、价值链，教育视角更广阔。三是强化科教融合，将教师科研课题和成果融入核心课程、核心教材、核心实践等人才培养环节，人才培养质量更高。四是强化教师和学生融合，突出以学生为中心、教学团队建设为核心的长期性、可持续性发展的专业建设指向，突出吸纳企业教师、校外教师等多元师资力量的战略性、开放性的合作框架。

(2)突出“四个强化”，以“学以笃行—学以经纬—学以融通—学以致用”的“一专多能”人才培养模式，多学科交叉构建优势专业群，系统整理课程模块并整合课程群，形成递进式知识链与教学闭环

一是强化目标导向，对接社会和行业实际需求，锚定高水平人才制订培养方案，以绘图表达、调查分析和分解落实三大核心能力分解具体教学内容；二是强化优势导向，围绕地理学学科特色打造优势专业群和课程群，构建多元化的“3+N”教学模块，促进不同课程之间形成“递进式”的“课程群”或“知识链”，突出国土空间规划、国土空间用途管制、生态修复、自然资源大数据服务专业技能培养，以规划设计类、研究策划类、指标管控类三大类型为核心建立知识和能力体系；三是强化效果导向，引导学生自主思考“为什么”“什么样”“如何做”，对应行业工作内容和实践项目，以年级能力梯度递进，实现“宽口径、模块式、特色化”教学成效；四是强化思政导向，不忘“立德树人”初心。

(3)坚持“三个长板”，扎根西部地区，凸显本地特色，提高服务国家和区域经济社会发展能力和水平的“适配度”

一是拉长优势长板，在依托地理学背景、理工融合培养等方面已经具有比较优势的专业长板上持续发力；二是坚持特色长板，立足西部民族地区和沿海沿边区域特色，开展广西小城镇质量与喀斯特地区等特色课程和研究，助力国家和广西脱贫攻坚工作，积极服务地方经济发展和乡村振兴；三是锻造新长板，面向最新大数据和信息技术，拓展虚拟实验室和专业实训室建设，在拔尖创新人才培养方面抢占未来先机、引领未来发展。

5.3 “产学研用”模块化课程体系的构建

5.3.1 模块化教学的理论依据

模块化教学（Modules of Employable Skills，简称MES）产生于20世纪70年

代，其特点是在学科内部某一阶段所要学习的知识点、操作技能和实践情景，以一定方式整合形成独立而又相互联系，形成一个知识模块。模块化教学模式重视学生在学习过程中的实践活动，注重学生学习能力的培养，在规划教育实践中已被证实，有利于学生自主选择交叉学科和灵活安排时间学习，可以减少无效重复教学。模块化教学适用于应用型人才培养的课程，按照能力培养目标对教学内容进行重组，可以灵活根据学科发展前沿、社会人才需求组合并结合实习实践项目创建场景或情境教学模块。授课单元之间根据模块主线形成课程群而紧密联系，其构成链条式或板块式的研究主题或能力要点，易于教师和学生共同理解某一课时、课程、作业等教学片段在整个课程体系框架内的位置和作用。

在城乡规划领域，早在 1957 年以佩洛夫(Harvey Perloff)为主的一批教师在芝加哥大学掀起了“芝加哥实验”(Chicago Experiment)，即是城市规划的教学由传统空间形态规划融合社会学、经济学、政治学等领域的城市研究的探索，提出著名的“通才有专长”(generalists with a specialty)理念，通过归纳城市规划专业领域的六个发展过程，在课程设置上通过“核心课程”和“专门训练”(specialized training)的教学模块组合实现培养目标。

5.3.2 模块化教学的实践需求

以对接国土空间规划、城乡规划设计行业项目模块，梳理核心能力模块，引入相关学科与专业知识模块为抓手，以课程体系构建为目标，教学模块以三大专业能力为核心，构建以点带面的“3+N”教学内容，探索面向需求、理工融合的人文地理与城乡规划人才培养的课程体系改革路径。贯穿了分类分级的基本思想以及面向行业实践的主题式模块梳理，已经被证实是行之有效的课程体系构建方法，具体内容包括：(1)以城乡规划课程体系为框架调整和拓展内容模块；(2)以学生能力培养为中心，课程围绕特定能力形成课程群；(3)以行业实践的具体需求和发展趋势为导向，课程内容灵活进行增、删、改；(4)注意实习实践的训练与引导，培养学生解决实际的问题和掌握具体理论和方法的能力；(5)模块教学体系构建之外，还应通过多元化考核方式以及模块教学评价反馈，保证课程体系的持续改进。

5.3.3 “3+N”课程体系的构建

我国高等学校城乡规划学科专业指导委员会2013年编制了《高等学校城乡规划本科指导性专业规范》(以下简称《规范》)提出了五大专业核心理论知识单元以及五个方面的选修知识单元和二十五个核心知识单元等，共推荐10门核心课程，为本科教学体系的安排提供了良好的指导作用。然而从模块化的系统建构视角出发，《规范》尚未对课程模块、能力模块和实践模块进行一一对应梳理，比如知识模块中的城乡规划实施中的“开发控制”与“规划管理”两个二级模块在实践领域中只有“规划管理”一个二级模块相对应。

《规范》根据“核心内容最低标准”和“规范内容最小化”原则进行推荐，给各高校预留空间，根据自身师资和教学情况进行自主安排，鼓励学校办出专业特色。在国土空间规划行业变革背景下，知识、能力和实践模块都有不同程度的拓展，在课程体系上，国土空间规划目标是实现经济社会发展、城乡建设、土地利用、生态环保、林业、水利、交通、海洋等各类空间性规划的有机融合，也是对现行城市总体规划、土地利用总体规划、主体功能区规划等的传承和发展。

(1)构建行业教学模块

通过对现行国土空间规划主要工作内容的梳理，在传统城乡规划设计大类内容上，突出规划策划和指标管控类的项目模块和工作内容单元。一级模块包括“规划设计类、研究策划类和指标管理类”，二级模块包括“国土空间总体规划—详细规划—城市设计—专项规划—数据挖掘与分析—专题研究—确权登记—测绘测量—资源调查—数据建库—土地使用指标分解与汇总”等(表5-1)。

表 5-1　行业项目类型与工作内容模块梳理

<table>
<tr><th>一级模块</th><th>二级模块</th><th>三级模块</th><th>具体内容</th></tr>
<tr><td rowspan="30">规划设计类</td><td rowspan="10">国土空间总体规划</td><td>城市性质与发展战略</td><td>—</td></tr>
<tr><td>开发保护总体格局与主体功能分区</td><td>—</td></tr>
<tr><td>城镇空间格局</td><td>—</td></tr>
<tr><td>城乡生活圈</td><td>—</td></tr>
<tr><td>生态网络体系</td><td>—</td></tr>
<tr><td rowspan="3">支撑保障体系</td><td>公共服务体系</td></tr>
<tr><td>住房保障体系</td></tr>
<tr><td>公共交通体系</td></tr>
<tr><td>魅力空间体系</td><td>—</td></tr>
<tr><td>人居环境品质</td><td>—</td></tr>
<tr><td rowspan="2">详细规划</td><td>控制性详细规划</td><td>—</td></tr>
<tr><td>村庄规划</td><td>—</td></tr>
<tr><td>城市设计</td><td>（略）</td><td>—</td></tr>
<tr><td rowspan="14">专项规划</td><td rowspan="6">历史文化传承与景观风貌塑造</td><td>文物保护专项规划</td></tr>
<tr><td>历史文化名城保护规划</td></tr>
<tr><td>全域旅游规划</td></tr>
<tr><td>绿地系统专项规划</td></tr>
<tr><td>照明专项规划</td></tr>
<tr><td>密度分区专项规划</td></tr>
<tr><td rowspan="3">综合交通规划</td><td>全域交通系统专项规划</td></tr>
<tr><td>公路网、铁路网、轨道交通线网专项规划</td></tr>
<tr><td>城市综合交通专项规划</td></tr>
<tr><td rowspan="3">基础设施与民生保障规划</td><td>市政设施专项规划</td></tr>
<tr><td>公共服务设施专项规划</td></tr>
<tr><td>住房保障专项规划</td></tr>
<tr><td rowspan="2">整治修复与城市更新</td><td>旧城改造专项规划</td></tr>
<tr><td>国土综合整治与生态修复专项规划</td></tr>
</table>

续表 5-1

一级模块	二级模块	三级模块	具体内容
研究策划类	数据挖掘与分析	（略）	—
	专题研究	发展战略与空间布局研究	国土空间开发保护现状评估、现行空间类规划实施情况评估
			指标体系专题研究
			人口与用地规模专题研究
		产业发展布局研究	产业发展与空间布局专题研究
		底线约束研究	资源环境承载能力与国土空间开发适宜性评价
			城镇开发边界划定、生态保护红线、永久基本农田保护、环境影响评价专题
		规划实施机制和政策保障研究	空间规划体系构建及实施机制专题研究
			自然资源用途管制制度创新专题研究
			实施主体功能区战略与制度专题研究
指标管理类	确权登记	（略）	—
	测绘测量	地籍测量	—
		工程测量	—
		用地勘界	—
		遥感测绘	—
	资源调查	（略）	—
	数据建库	数据录入与地图编绘	—
		数据库更新维护	—
	土地使用指标分解与汇总	（略）	—

表格来源：项目组自绘。

教改实践中把具体的教学内容细分，促进不同课程之间形成“课程群”或“知识链”，以年级能力梯度递进、设计课为主线，理论课结合专业实践的课程模块组织框架(图 5-4)。

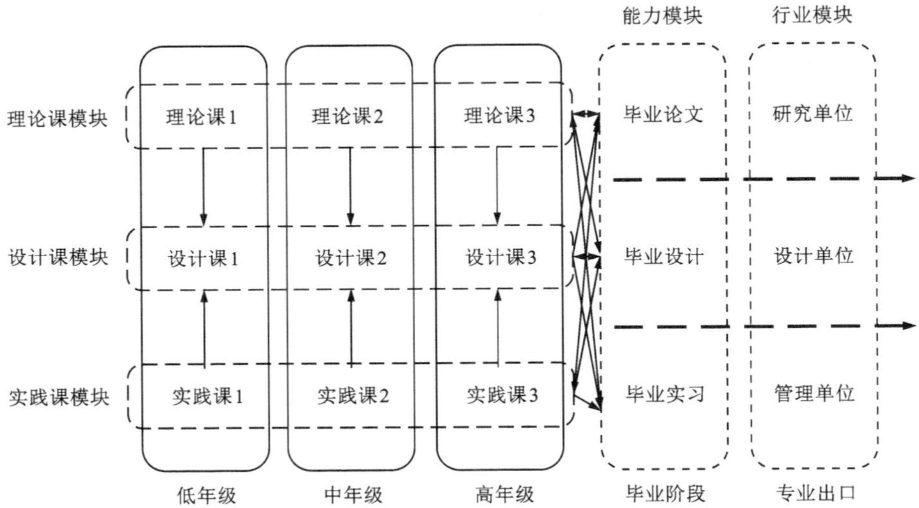

图 5-4 课程模块组织框架

(2)构建学科教育板块

以教育部认定的大学本科专业为对象分析，与国土空间规划工作相关的专业分布在 8 个门类的 54 个专业，其中 37 个专业为密切相关专业，相关学科知识庞杂、数量众多。人文地理与城乡规划专业兼顾地理学和城乡规划学相关学科内容构建专业体系，具有天然兼容并蓄的学科交叉优势，在近年面向行业和社会需求的教学改革中，更多的是偏向“新工科”的学科发展理念。本项目以借鉴较为成熟的城乡规划学知识体系为课程基本架构，对应行业项目模块和能力模块为主线进一步展开系统建构，学科门类包括工学、理学、农学、经济学、法学、管理学、艺术学，本科专业包括城乡规划、城市设计、人居环境科学与技术、环境科学与工程、遥感科学与技术、地理国情监测、地理空间信息工程、地理科学、人文地理与城乡规划、地理信息科学、社会学、行政管理、土地资源管理、城市管理等，重点对具体的知识模块进行了梳理，包括空间要素认知、场地设计、绘图表达、信息获取与遥感数据处理与分析、GIS 应用、数理统计分析、土地资源调查、环境要素认知、城市社会学、规划调查与访谈、法规制定与监督实施、规划管理政策制定、空间治理等(表 5-2)。

表 5-2　国土空间规划相关学科、专业与知识模块梳理

学科门类	一级学科	本科专业	知识模块
工学	城乡规划学	城乡规划	略(主要内容参见表 5-1)
	建筑学	城市设计、风景园林、人居环境科学与技术	空间要素认知、空间设计、方案设计、绘图表达
	环境科学与工程	环境科学与工程、环境生态工程、资源环境科学	环境要素认知、环境工程建设、环境污染防治、环境保护与监测
	测绘科学与技术	遥感科学与技术、地理国情监测、地理空间信息工程	信息获取与遥感数据处理与分析、GIS 应用、数理统计分析、土地资源调查
理学	地理学	地理科学、人文地理与城乡规划、地理信息科学、空间科学与技术	资源开发与利用、国土资源调查与管理、旅游规划、区域规划
	生态学	生态学	生物类群、生境类型、生存环境、生命过程、生命演化认知、生态系统、人与环境的关系
农学	农业资源与环境	农业水利工程、土地整治工程	农业生态要素认知、农业资源的规划与利用、农业环境的保护与污染防治
经济学	应用经济学	资源与环境经济学	土地资源经济、林业资源经济、矿产资源经济、环境经济等
法学	法学	社会学	城市社会学、规划调查与访谈、法规制定与监督实施
管理学	公共管理	行政管理、土地资源管理、城市管理	规划管理政策制定、空间治理
艺术学	设计学	环境设计	场地设计、城市景观设计

(3)构建人才能力模块

对应行业工作内容和实践项目以规划设计类、研究策划类、指标管控类三大类型为核心建立知识和能力体系；以绘图表达、调查分析和分解落实三大核心能力分解具体教学内容(表 5-3)。

表 5-3　人才能力模块

<table>
<tr><th colspan="2">专业能力结构</th><th colspan="2">专业实践领域</th></tr>
<tr><th>一级模块</th><th>具体内容</th><th>一级模块</th><th>二级模块</th></tr>
<tr><td rowspan="3">前瞻预测能力</td><td>对城乡发展历史规律的洞察能力</td><td rowspan="4">认知调研</td><td>住区认知调查</td></tr>
<tr><td>预测社会未来发展趋势的能力</td><td>社会调查</td></tr>
<tr><td>开展城乡未来健康发展的前瞻性思考</td><td>城乡认知调查</td></tr>
<tr><td rowspan="4">综合思辨能力</td><td rowspan="2">将城乡各系统整体综合理解，了解系统中各要素相互依存关系</td><td>综合规划设计课程调研</td></tr>
<tr><td rowspan="3">规划设计</td><td>城乡详细规划设计实践（城市设计实践）</td></tr>
<tr><td rowspan="2">打破地域、阶层和文化的制约，形成区域整体发展愿景</td><td>城乡总体规划实践</td></tr>
<tr><td>毕业设计(论文)</td></tr>
<tr><td rowspan="3">专业分析能力</td><td>发现城乡发展现状问题与特征</td><td rowspan="3">规划管理</td><td>规划管理的地位与作用</td></tr>
<tr><td>预测规划对象的未来需求和影响</td><td>规划管理的基本内容</td></tr>
<tr><td>提出规划建议</td><td>规划审批的程序要求</td></tr>
<tr><td rowspan="3">公正处理能力</td><td>考虑不同群体所受影响</td><td colspan="2">创新训练领域</td></tr>
<tr><td>关注社会弱势群体</td><td>一级模块</td><td>二级模块</td></tr>
<tr><td>寻求成本和收益的公平分配</td><td>创新思维</td><td>—</td></tr>
<tr><td rowspan="2">共识建构能力</td><td>达成不同利益群体的共识</td><td>创新方法</td><td>—</td></tr>
<tr><td>解决城乡矛盾，实现和谐发展</td><td>创新能力</td><td>—</td></tr>
<tr><td rowspan="2">协同创新能力</td><td>拓展视野，提出新的思路与方法</td><td rowspan="2" colspan="2"></td></tr>
<tr><td>有针对性地解决具体难题与挑战</td></tr>
</table>

授课教师可以把每一个核心模块分解的次级模块进行灵活组合和调整，在确保核心模块中心不变的基础上，根据新的学科发展趋势对教学内容和各模块主题进行拓展，如学科竞赛主题从早期的文化创意、历史文化名城保护、街区更新改造，发展到今天的工业遗产保护、创意创新产业、区域协同和乡村振兴等，主题一直在转变，不变的是面向高品质人居环境的空间设计核心能力和空间利益协调的社会和谐发展目标的追求。在受到课时限制的现实制约下，拓展模块可由学生根据自身情况自由选择，在导师制下组成的“小团队”形成个性化课程。同时应强调独立思考、积极主动、沟通合作、组织协调等职业素养在所有模块中的关联与延伸。

(4) 构建“3+N”模块化课程系统

将“为什么”“什么样”“如何做”等问题通过“行业项目—学科教育—人才能力”三大类模块的梳理，以分类分级的规划思想有序构建主次层级教学模块，对应行业工作内容和实践项目以规划设计类、研究策划类、指标管控类三大类型为核心建立知识和能力体系；以绘图表达、调查分析和分解落实三大核心能力分解具体教学内容，将同类知识模块在跨学科、跨专业中进行串联和融合，并穿插课外实习、创新实践培养，构建多元化的“3+N”教学模块(图 5-5)，真正实现人才能力培养的最终目的。

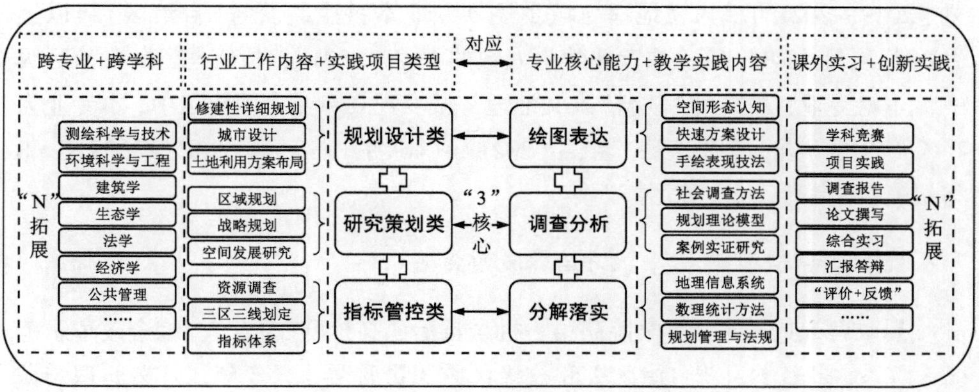

图 5-5　“3+N”教学模块构建示意图

综合以上四类模块，南宁师范大学人文地理与城乡规划专业在申报国家级“一流专业”过程中，积极整合师资力量、调整人才培养计划、重新梳理构建课程体系，解决在专业大类招生带来的专业分流推后和专业课时压缩的现实突出矛盾，提出：(1)哲学层面、科学层面和技术层面的课程板块设置；(2)对应低年级到高年级由浅到深分解，包括基础理论与认知、技术技能和职业素养的教学内容、探索理论教学与实践教学相结合；(3)开展课后组织学生参加横纵向项目和课外竞赛等活动对课堂教学进行补充等。同时，教研组内达成共识：(1)教育教学需在弹性原则的基础上追求动态的不断完善；(2)摒弃按部就班按照教材单线开展授课的传统型教学方式，以更开放和宽容的姿态面对行业发展的需求和多学科融合难题。

5.4 专业建设成效

(1)专业稳步发展，综合水平全省领先

服务国家战略和地方发展需要，依托获批的教育部首批“新工科”和自治区级现代产业学院项目，开发多层次国土空间规划教学案例30例，自编特色课程讲义3本，撰写专著6部。深入实施国家、省、校三级大学生创新创业训练计划，2019—2021年，人文地理与城乡规划专业本科生共获省(自治区)级以上“大创”项目40项，覆盖本专业学生人数的69%；2021年本专业获批自治区级一流本科专业；2023年“软科”人文地理与城乡规划专业全国排名中，本专业为B+等级，位于全国高校第32名，比2021年(46名、B等级)、2022年(39名、B等级)大幅提升，排名稳居广西第一。

(2)坚持“立德树人”，人才培养成效突出

思政育人成效突出，学院获第一批全自治区高校“三全育人”综合改革示范校、院系，多名学生获自治区级和校级优秀团员称号；近5年，人文地理与城乡规划2015—2019级共培养本科毕业生(2019—2023届)174人，其中在自然资源部门行业单位就业134人，对口就业率达77%，考上研究生35人，升学率20.1%，2019—2022年本科生荣获省级以上竞赛奖励共31项。人才培养质量

获得自然资源领域用人单位和社会各界的高度认可。

参考文献

[1] 杨辉，王阳. “旧疾”与“新题”：国土空间规划背景下城乡规划教育探讨[J]. 规划师，2020，36(7)：16-21.

[2] 孙海军，解伏菊，刘靖，等. 应用型人才培养导向下人文地理与城乡规划专业课程体系优化研究[J]. 高等建筑教育，2017，26(5)：33-37.

[3] 彭小松，袁磊，仲德崑，等. 设计规划主干课程“纵+横”教学体系：深圳大学的构想与探索[J]. 城市建筑，2015(16)：117-119.

[4] 陈冰. 基于“成果导向教育”的城乡规划教学探索：西交利物浦大学城乡规划专业十年回顾与展望[J]. 当代建筑，2022(2)：134-139.

[5] 陈冰，常莹，张晓军，等. 研究导向型教学模式的应用研究[J]. 中国现代教育装备，2018(5)：40-43.

[6] 段德罡. 我国城乡规划专业基础教学的研究与探索[D]. 西安：西安建筑科技大学，2015.

[7] 谭文勇，冯雨飞. 百年英美城市规划教育演变与启示[J]. 国际城市规划，2018，33(4)：117-123.

[8] 石楠. 城乡规划学学科研究与规划知识体系[J]. 城市规划，2021，45(2)：9-22.

[9] 高等学校城乡规划学科专业指导委员会. 高等学校城乡规划本科指导性专业规范(2013 年版)[Z]. 北京：中国建筑工业出版社，2013.

[10] 张赫，卜雪旸，贾梦圆. 新形势下城乡规划专业本科教育的改革与探索：解析天津大学城乡规划专业新版本科培养方案[J]. 高等建筑教育，2016，25(3)：5-10.

[11] 吴唯佳，冷红，任云英，等. 联合教学共促规划学科发展[J]. 城市规划，2020，44(3)：43-56.

[12] 孙施文. 关于城乡规划教育的断想[J]. 城市建筑，2017(30)：14-16.

[13] 孙施文. 从城乡规划到国土空间规划[J]. 城市规划学刊，2020(4)：11-17.

第 6 章

新工科背景下地理信息科学专业人才培养模式的改革实践

6.1 新时代地理信息科学专业面临的形势

2018 年 9 月，教育部、工业和信息化部、中国工程院联合颁发了《关于加快建设发展新工科实施卓越工程师教育培养计划 2.0 的意见》，明确要加快建设发展新工科，探索形成中国特色、世界水平的工程教育体系，促进我国从工程教育大国走向工程教育强国。当前地理信息产业已经与智慧城市、数字政府、卫生防疫、智能生活等数字领域高度融合，成为数字经济最抢眼的核心产业之一[1]，为经济社会发展提供着新动能。2021 年，我国地理信息产业产值达 7524 亿元，同比增长 9.2%，近 5 年复合增长率为 11.5%，近 10 年复合增长率为 17.5%，结构持续优化，基础不断增强，创新成果丰硕[2]。同时，当前自然资源信息化建设面临着诸多新的要求，迫切需要借助大数据、云计算、GIS、遥感、物联网、无人机等新技术、新手段，深入推进自然资源信息化建设，赋能自然资源管理深度变革。同时互联网、物流等行业巨头及各类初创企业依托其行业和技术创新优势，加速与导航定位、地理信息、遥感测绘等地理信息技术融合，产生大量基于地理位置的新产品、新应用，因此也催生出各种共享经济新业态。

2023 年教育部等印发的《普通高等教育学科专业设置调整优化改革方案》明确：加强教育系统与行业部门联动，实现学科专业与产业链、创新链、人才链相互匹配、相互促进；应用理科向工科延伸，形成新兴交叉学科专业，培育新的工科领域[3]。这要求高校把 GIS 专业建设和人才培养放在突出位置，必须坚持一流标准、创新引领、合作共赢，系统化地开展一流专业建设、一流课程建设、专业共同体建设的体系研究，以适应新时代社会发展、经济建设和科学发展的迫切需求[4]。南宁师范大学地理信息科学专业开设于 2000 年，2007 年被评为广西优质专业，2009 年入选国家特色专业，2019 年入选广西一流本科专业，已成为区域内知名的优势特色专业。本章针对新时代背景下 GIS 应用型人才培养模式存在的主要问题，结合南宁师范大学地理信息科学应用型专业人才培养的实践，以新工科理念为引领，以现代产业学院建设为抓手，从专业定位优化、课程体系构建、实践体系创新、课程思政融合等方面系统探讨 GIS 应用型人才培养的举措和进展。

6.2　当前地理信息科学专业建设存在的主要问题

6.2.1　专业定位与培养目标不明晰

专业建设首要任务是如何确立专业定位和培养目标。地方高校 GIS 专业主要以普通应用型人才培养为主导，不同程度地存在着定位不明晰、培养目标模糊[6]。没有考虑自身学科优势及地方经济发展对人才培养的需求，导致其培养的毕业生缺乏明确的就业方向，也缺乏独特的专业技能，其专业定位与培养模式难以适应经济社会发展的需求[7]。

6.2.2　课程设置与市场需求不匹配

由于专业定位缺乏明晰性，课程设置偏重地理学科本位，大多数专业课程教学内容重理论、轻实践，时效性不强[8]。人才培养方案修订过程未落实专业认证理念，缺乏反向制定课程体系机制，多学科交叉融合理念亟待强化，没有深入行业产业开展调研，导致课程体系设置与行业产业需求不匹配，课程教学内容与行业产业的新技术需求有所脱节。此外，个性化学习理念没有完全融入教育过程，多学科交叉融合理念亟待强化。

6.2.3 师资能力与新工科不够适应

新工科背景下，对教师的专业知识、科研能力、应用能力和教学理念及综合素质等提出了较高的要求[9]。GIS 专业师资除具备地理学专业知识外，对移动互联网、大数据、人工智能和虚拟现实等新技术和新方法还应有较深刻的理解。目前 GIS 专业师资大多数是学术型的硕士和博士，缺乏工程教育理念和行业项目经验，师资能力难以适应“新工科”人才培养的要求。

6.2.4 实践教学与行业需求相脱节

新工科建设要求打破传统实践教学思想禁锢，以培养高水平应用人才为目标，创新实训教学模式，优化实践教学内容，构建起专业实习、创新实训的实践教学体系[10]。但目前 GIS 专业实践教学条件同新工科所倡导的大数据、云计算、人工智能和虚拟现实等相结合的要求尚有一定的距离，难以提供新技术、新业态的实验实训项目，学生对新技术、新方法应用能力较弱[11]。实践教学内容与行业岗位相对脱节，导致学生应用能力不强，难以满足行业产业发展的现实需求。

6.2.5 课程思政协同育人效果不佳

全面推进高校课程思政建设是落实立德树人根本任务的战略举措。教育部印发的《高等学校课程思政建设指导纲要》，明确将课程思政融入课堂教学建设全过程。课程思政建设需要具有一个体系完善的顶层设计指导，让专业教师在专业教育中能够摸准课程思政方向，把握住课程思政目标和方法要领[12]。但是，目前课程思政建设缺乏系统的顶层设计、课程思政目标不明确、课程思政方法不得当等问题，无法真正实现课程思政与专业教育同向同行。

6.3 地理信息科学专业人才培养模式的改革设计

成果导向教育(Outcome-Based Education，OBE)理念是以成果为导向、学生为中心和持续改进的理念，通过逆向设计教育流程，正向实施教学过程形成的人才培养模式[13]。OBE 理念要求教育者对学生的学习结果有清晰的构想，并通过设计合理的教育体系来保障学生达成这些教育目标。针对 GIS 专业人才培养存在的问题，为适应新时代自然资源信息化建设和地理信息产业发展的需求，以 OBE 教育理念为引领，从专业定位优化、课程体系构建、实践体系创新、课程思政融合等方面对 GIS 应用型专业人才培养模式进行改革探索。

6.3.1　立足行业优化专业培养目标

立足于社会发展需要，根植于学校的传统基础，充分发挥区位优势，是高校培育办学特色必须坚持的“健康法则”[14]。依托学校地理学特色优势，明晰地理信息科学专业培养目标，聚焦于自然资源信息化建设和地理信息产业等重点领域，推进专业改造升级；同时贯彻“一专多岗、一岗多能”的复合型人才培养理念，增强本专业和人文地理与城乡规划、土地资源管理、测绘工程等应用型专业间的交叉融合与渗透，实现地理信息科学专业毕业生由单一型专业人才向复合型人才的跃升。

采用逆向设计方法构建 GIS 专业人才培养方案，以毕业后 5 年在地理信息产业领域预期能够取得的成就为标准，确定人才培养方案的定位和目标，即面向自然资源领域和地理信息产业发展的需求，培养德智体美劳全面发展，具备地理信息科学基础知识与地理信息系统工程实践能力，掌握地理学、测绘科学和信息科学等学科的基本理论、技术和方法，能够在自然资源领域和地理信息产业的管理部门和企事业单位，从事地理信息科学专业相关工作的高素质复合型人才。

6.3.2　基于 OBE 理念优化人才培养方案

基于 OBE 理念逆向设计地理信息科学专业人才培养方案，首先确定以自然资源领域和地理信息产业系列职业岗位胜任力为培养目标，细分培养方向，细化毕业要求；然后按照毕业要求确定课程体系，再根据不同课程教学内容和知识、能力培养要求确定课程教学方法；最后通过多元评价，评价人才培养效果的达成度。构建“培养方案—教学方式—教学评价—教学整改”循环改进、动态调整的人才培养机制[15]。

基于 OBE 理念优化的 GIS 专业的课程体系由“通识教育课程、学科基础课程、专业骨干课程、自主发展课程及实践教育课程”等模块构成。在自主发展课程模块中，设置 GIS 应用与开发、国情监测与空间规划、地理大数据挖掘等专业方向课程群，拓展传统学科专业的内涵，开设综合性课程、交叉学科课程、新工科元素的新技术课程。如“Python 地理数据处理”“时空数据挖掘”“国土空间规划原理与方法”“空间规划数字化技术”“地学大数据理论与方法”“海洋地理信息与智能化技术”“农业地理大数据挖掘”“雷达数据处理及应用”等，并引入无人机遥感、虚拟现实、数字孪生、实景三维等新技术微课，以适应新时代自然资源领域和地理信息行业发展对新技术、新方法的需求，培养学生的创新能力和新技术应用能力，培养具有学科交叉能力和跨界整合能力的“新工科”“地理信息工程+”复合型人才。

6.3.3 构建产教融合的人才培养体系

产教融合、校企合作的深入发展能够有效整合高校和企业的资源，提高人才培养的针对性、科学性、实践性等，是地方高校更好地服务地方的路径选择[16]。现代产业学院是产学研深度融合的重要途径，具有产学研一体化的特点，产业链、教育链、创新链通过高校现代产业学院有效衔接，促进产业发展、教育发展和创新发展[17]。

面向自然资源领域改革和区域经济社会发展的需求，学校联合华蓝设计(集团)有限公司、广西自然资源信息中心、南方测绘等行业龙头单位，组建自然资源数字产业学院。以产业学院为平台，校企共建教学指导委员会，联合制定专业建设方案，协同修订人才培养方案、重构课程体系，开发新型课程，更新教学内容，共同实施教育教学，共同评价培养质量。与航天宏图、北京超图、南方测绘等公司联合建设基于产业创新发展需求的创新研究实践基地，共建“双师双能型”师资队伍，校企联合组织课程教学、开发教学资源，校企导师协同指导“双创”实践和毕业论文。依托产业学院建设，以科教融合、产教融合为途径打造的立体化协同实践教学体系。

6.3.4 构建立体化协同实践教学体系

以科教融合、产教融合为主要途径构建立体化实践教学体系中的“三维度”，即实践教学内容、能力培养、实践活动方式[18]。实践教学内容可以概括为“三层五训”，其中，“三层”指的是分层次培养，包括基础型实验、综合型实习、创新型实践；“五训”指的是分层次训练，包括课程实验训练、综合性实践训练、竞赛性实践训练、创新性实践训练、项目实战训练，通过“三层五训”达到培养学生实践能力和创新能力的目的。能力培养包括专业认知、专业技能和创新能力三个层次。实践活动方式则包括校内实验、校外实习和产学研融合实践。

基于 OBE 教育理念，以学生能力培养目标为导向开展设计性、综合性实验；结合教师的科研成果，将部分科研内容引进教学实验，开发创新性实验项目，引导学生参与教师科研课题研究；组织学生参加各类 GIS 专业竞赛大赛，通过"选拔—培养—参赛"锻炼和提高学生的实践能力。以产业学院平台为依托，实行本科生导师制，校企共建"双师双能型"师资队伍，聘请行业工程师作为实践教学教师、选派骨干教师到协作单位锻炼。组织学生进入产业学院实践基地进行生产实习，引导学生参加各类竞赛、主持科研项目等的积极性，让学生直接参与项目实战训练。同时，毕业论文(设计)与教师科研、协作单位的项目相结合，学生围绕教师的科研课题、协作单位的项目研究开展毕业论文(设计)研究。通过科教融合、产教融合立体化实践教学体系的学习与训练，不断提升学生的实践能力和创新能力。

6.3.5　深化课程思政与专业教育有效融合

地理学是自然科学与人文科学的交融，具有综合性、交叉性和区域性的特点，地理学及其各分支学科包含了丰富的课程思政内容，具备通过实例探讨、野外实践、实习见习等方式推进思政教育与专业课程融合的先决条件[20]。结合不同的地理学专业课程特点和思维方法，围绕政治认同、家国情怀、国情认知、创新精神、爱岗敬业、生态文明等重点挖掘思政内容。自然地理学的思政精髓在于激发学生从科学、理性和整体角度认识地球及其各子系统对于人类的重要意义，进而发自内心地热爱地球、珍惜人类、珍爱生命，引导学生树立和践行绿水青山就是金山银山的理念。人文地理学重视人地关系理论的渗透，将其与生态文明理念培育，使人地协调观的理念根植于学生的思想深处；结合国家重大战略(如乡村振兴等)和新发展理念，将国家战略、重要政策的学习宣传浸润到专业课程的案例教学和创新实践之中。测绘、遥感、地理信息系统属地理信息技术学科分支，北斗导航、卫星遥感、自主知识产权的地理信息平台的飞速发展和取得的举世瞩目的辉煌成就包括丰富的道路自信、民族自豪感和勇于创新等方面的思政内涵[21]。

6.4 融合 CDIO-OBE 理念的专业课程体系改革

6.4.1 当前课程体系主要存在问题

为进一步提高人才培养质量，使人才培养和社会需求相符合，通过开展人才培养方案、毕业生评价等一系列调研，发现本校的地理信息科学专业的课程体系存在一定的不足，主要表现如下：

(1) 课程结构、课程之间存在脱节，部分课程存在内容重复

一是课程的设置和各课程之间的联系和顺序存在结构上的不合理，课程之间没有很好地衔接和组织，导致不同课程之间的教学内容重复出现，影响教学效果，学生容易感到困惑和无聊。二是课程之间连贯性差，教学内容存在脱节或缺乏过渡，学生不知道如何将不同课程的知识点联系起来，从而无法形成一个完整的知识体系。

(2) 课程教学组织模式单一，学生主体作用发挥不佳

当前高校主体课程教学模式大部分仍是以教师为中心的教育模式，这种教学模式忽视了学生的主体作用。这种被动的学习方式很大程度上依赖于教材和老师给出的举例和讲解，没有充分发挥学生的积极性和主动性，学生对 GIS 知识技能并没有实现真正的内化。此外，现代信息技术与教学融合的深度与广度不够，也会导致学生学习兴趣不浓，教学目标的有效达成度不高。

(3) 实验性教学未能紧扣行业产业发展需求，学生实践创新能力不足

一是实验性教学未能及时跟进行业发展变化。行业产业发展速度快，新技术、新方法层出不穷，部分课程教学大纲、教学内容更新不及时，未能及时跟进这些变化，从而导致学生无法接触到最新的行业知识和技能，限制其实践创新能力的提升。二是实验性教学内容与行业产业发展需求存在脱节，创新应用能力和解决复杂工程问题能力的培养力度不够、培养过程不贯通、递阶性和连续性较差，学生难以获得与实际工作场景相匹配的实践经验和创新能力，导致

学生完成实验性课程学习后仍无法适应行业领域的工作环境和行业企业的人才需求。从 2023 年开展的用人单位满意度调研结果发现，用人单位对我校地理信息科学专业毕业生的综合素质和创新能力满意度相对较低，非常满意比例仅占 60%左右。

6.4.2　课程体系存在问题的原因分析

(1)课程体系设置缺乏整体规划，课程群的建设思路尚未确立

南宁师范大学地理信息科学专业人才培养目标定位明确，立足于培养“面向自然资源信息化和地理信息产业发展需求，从事地理信息科学专业相关工作的高素质创新型、复合型和应用型人才”。这一培养目标充分体现了“新工科”理念的内涵“面向未来、主动迎接挑战，以产业需求为导向，学科走向交叉融合，培养出综合全面、创新能力突出的学生”。然而，现有的课程体系尚未进行彻底改革，课程结构、课程标准和课程内容均未能很好地与“新工科”发展理念相结合；课程标准的制定上仍是以对标知识点为主，课程内容设置未能针对行业产业的发展需求进行规划和设计；课程结构仍是基于基础课程—核心课程—专业选修课程的传统思路来定制；课程与课程之间的衔接不足，缺乏总体规划，未能将“全周期工程教育”的理念融入，去开启对产业需求的课程群建设。

(2)师资队伍组成结构不完整，团队式教学尚未形成

按照地理信息科学专业本科生需“熟练掌握地理学、测绘科学、遥感科学、城乡规划学、信息科学等学科的基本理论知识与技术方法”的知识目标和“面向国土、测绘、规划、林业等自然资源领域的信息化问题，具备初步运用专业理论和技术进行地理信息系统分析、设计、开发与维护的工程和运用大数据技术方法开展地学大数据挖掘能力”的能力目标，专业课程体系覆盖地理信息科学与地质工程、环境科学与工程、测绘科学与技术等学科，同时又与大数据、移动互联网、人工智能等新兴技术息息相关。然而，在当前师资力量下，仅凭本专业教师难以针对如此广阔的教学内容来进行复合型人才培养，借助其他院系师资力量又无法做到师资队伍固定稳健的发展，课程团队教学制、教授带头制、课程群协同教学等一系列的师资队伍建设未能落实，不同的课程由不同的教师或部门负责，没有进行整体规划，导致部分课程内容重复或者前序课程与后续课程脱节，教师之间没有协调他们的教学内容以避免重复。

(3)课程实验环节缺乏项目实训机会和行业导师的指导

一是在课程设计方面，按照教材设定的实验项目和实验内容仍是基于“知识点”进行的，缺乏产业化和整体化的链条式实践环节，导致学生缺乏实际操作和项目实训的机会。二是实验课程的师资以校内老师为主，教师们可能缺乏行业实践经验，无法为学生提供行业一线实际指导。校外实习实训基地虽已建立，但学校与企业的合作仍不够紧密，尚未建立起校外导师融入课堂教学和论文指导的机制，学生未能得到行业导师的直接指导。

(4)课程效果评价反馈不够及时，改进机制尚未形成

一是对于当前的课程体系，尚未有一套体系化的评估方法来衡量学生的学习成果，不能全面反映学生的学习状况。二是没有及时收到学生课程学习效果的反馈，教师也未能根据评估结果对课程进行及时有效的改进，也无法及时调整学习策略，使得学生认为课程缺乏挑战性或者实用性，或者认为教师没有给予足够的关注和支持，对课程学习满意度不够高。因此，需要一套完整的评价反馈机制，形成从“课程体系—教学内容—教学团队—教学资源—教学评价”的闭环，不断循环改进和动态调整课程体系。

6.4.3 课程体系改革主要举措

(1)CDIO 理念下的专业课程体系总体设计

按照 CDIO 理念，整体的课程体系要求以综合的培养方式让学生以主动的、实践的、课程之间有机联系的方式学习。整体设计如下(图 6-1)：

1)在构思阶段，主体为地理信息科学专业基础课。主要涉及地理科学类基本理论、地理信息科学的基本概念、原理和方法。主要课程包含：地理科学类导论、自然地理学概论、人文地理学概论、地图学、地理信息系统等。

2)在设计阶段，需要具备相应的地理信息系统数据源的基本监测理论与数据处理技术方法，掌握地理信息系统设计和开发的基本流程和方法，以此组成地理信息科学专业核心课程。主要包含测绘、遥感以及信息技术基础三大方向的主干课程。包含：测量学、计量地理学、卫星导航技术应用、遥感概论、遥感

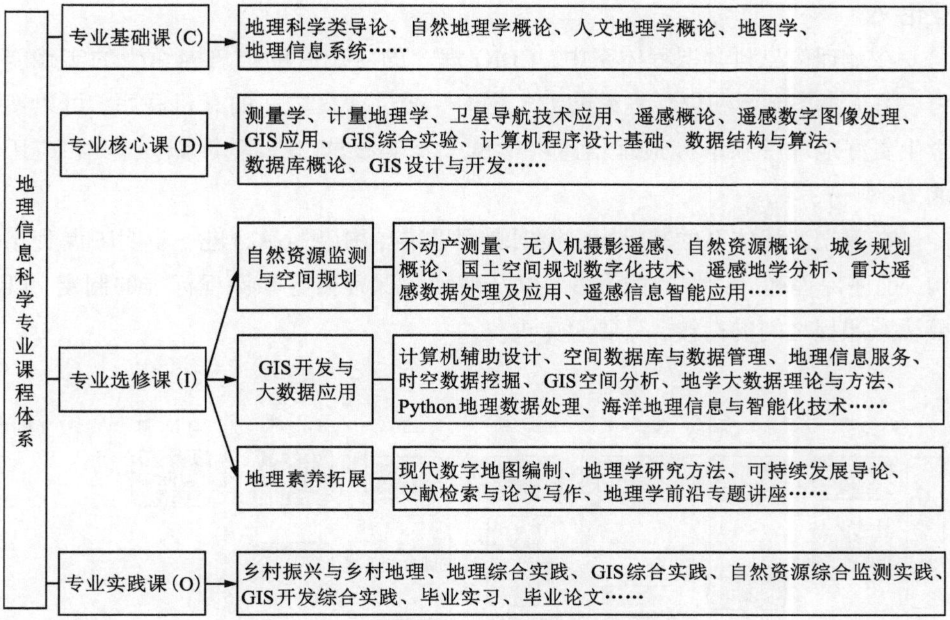

图 6–1　地理信息科学专业课程体系

数字图像处理、计算机程序设计基础、数据结构与算法、数据库概论、GIS 应用、GIS 设计与开发等。

3）在实现阶段，融合 OBE 和新工科理念，根据学生兴趣点，面向自然资源数字化产业和地理信息科学产业两个发展方向，设置自然资源监测与空间规划、地理信息系统开发与大数据应用两个方向选修课。方向一主要课程包括：不动产测量、无人机摄影遥感、自然资源概论、城乡规划概论、国土空间规划数字化技术、遥感地学分析、雷达遥感数据处理及应用、遥感信息智能应用等；方向二主要课程包括：计算机辅助设计、空间数据库与数据管理、GIS 空间分析、地理信息服务、时空数据挖掘、地学大数据理论与方法、Python 地理数据处理、海洋地理信息与智能化技术等。

4）在运作阶段，着重培养学生理解地理信息科学在解决实际问题中的应用，以及如何利用地理信息科学的知识来解决实际问题的能力。对应于实现阶段的两个不同方向，分别设置自然资源综合监测实践和 GIS 开发综合实践两个针对性的实践课。并以此为基础，结合产业实践，指导学生开展毕业实习和毕业论文。

在地理信息科学课程体系中，CDIO 理念的应用有助于培养学生的实践能力、团队协作能力和创新思维能力。同时，通过课程之间的有机联系，可以使学生更好地理解和掌握地理信息科学的知识和技能，提高其综合素质和应用能力。

在确立课程体系的基础上，根据课程思维导图（图 6-2）进一步明晰课程结构，前序课程和后续课程的设置，以及前后续课程内容和课程标准的制定，既要注意课程之间的衔接，又要避免重复。

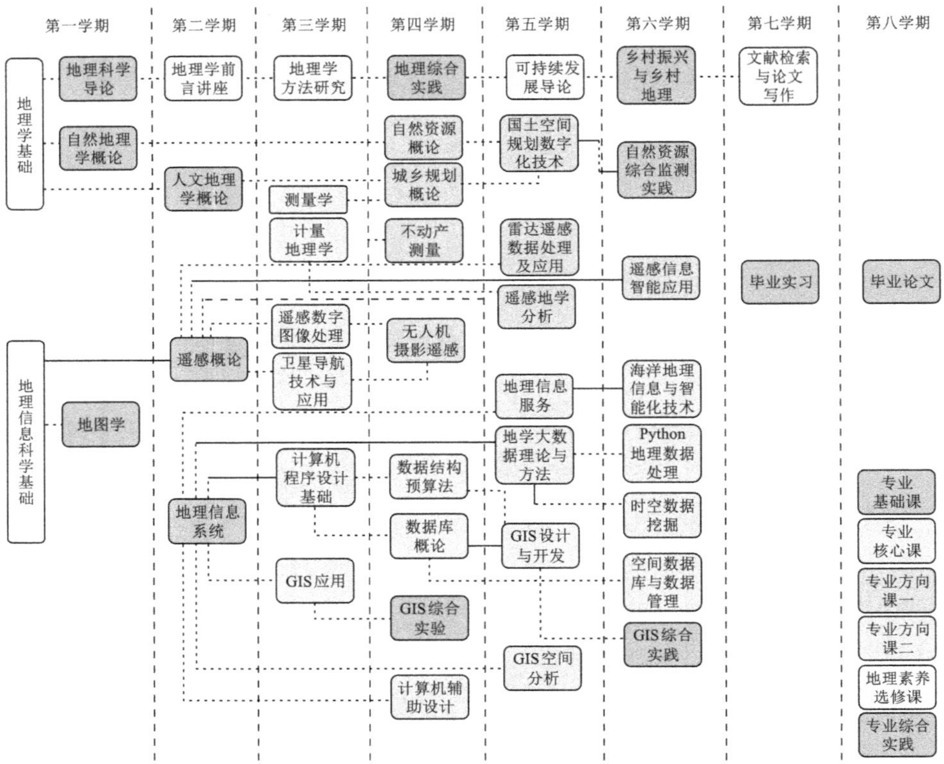

图 6-2　地理信息科学专业课程思维导图

(2) 新工科理念下的课程群与对应的教学团队建设

1) 课程群建设

在明晰地理信息科学专业课程体系、课程设置的基础上，组建 GIS 五大核心课程群(图 6-3)，涵盖地理信息科学基础方向的基础专业课、地理信息科学专业所有核心课和大部分的专业选修课。

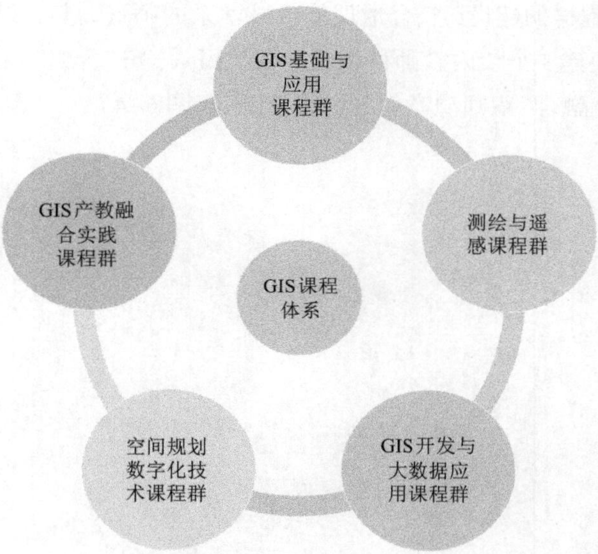

图 6-3　地理信息科学专业五大核心课程群建设

课程群建设主要包含课程结构、课程标准、课程内容、课程评价的整体规划与定制。

①测绘与遥感课程群：由测量学、计量地理学、不动产测量、无人机摄影测量、卫星导航技术与应用、遥感概论、遥感数字图像处理、雷达遥感数据处理及应用、遥感地学分析等课程组成。

② GIS 基础与应用课程群：由地图学、地理信息系统、GIS 应用、计算机辅助设计、GIS 综合实验、GIS 空间分析等六门课程组成。

③ GIS 开发与大数据应用课程群：由计算机程序设计基础、数据结构与算法、数据库概论、空间数据库与数据管理、GIS 设计与开发、地理信息服务、海

洋地理信息与智能化技术、地学大数据理论与方法、时空数据挖掘、Python 地理数据处理等课程组成。

④空间规划数字化技术课程群：由自然资源概论、城乡规划概论、国土空间规划数字化技术等课程组成。

⑤ GIS 产教融合实践课程群：遥感信息智能应用、GIS 综合实验、GIS 综合实践、自然资源综合监测实践等课程组成，并包含毕业实习和毕业论文环节。

2）课程团队建设

对应于课程群的建设，整合地理信息科学系的师资力量，组建"3+1"教学团队。"3"为组建 3 个校内教师科教融合教学团队，"1"为组建 1 个与校外合作导师共建"校企融合"双师型产教融合教学团队（图 6-4）。

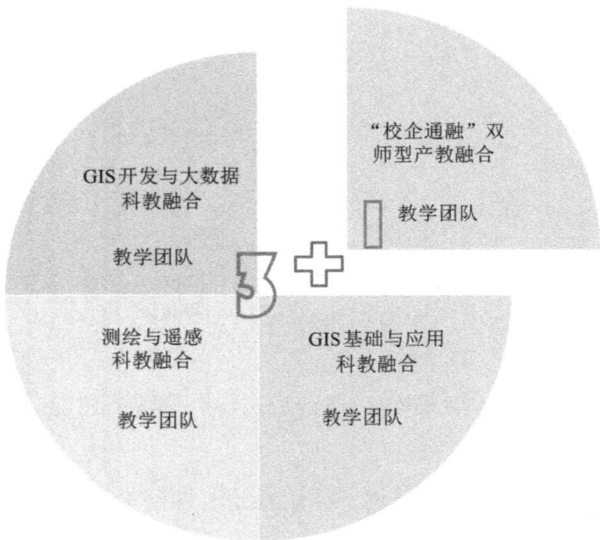

图 6-4　地理信息科学专业"3+1"教学团队

①科教融合教学团队

共包含 GIS 基础与应用教学团队、测绘与遥感教学团队、GIS 开发与大数据应用教学团队三大团队，分别对应于 GIS 基础与应用课程群、测绘与遥感课程群、GIS 开发与大数据课程群的教学任务与师资队伍建设。

三大科教融合团队实行教授带头、固定师资、团队负责的方式开展课程和课程群的开发与教学任务。课程内容、课程标准以课程群为单元讨论建设，有效避免课程内容重复，提高内容衔接度。同时，课程教学和实习内容辐射到大学生“互联网+”大赛、全国大学生竞赛、大学生创新创业项目当中。团队内教师通过广泛开展教研交流、合作申报教研课题、集体开展公开课、集体备课、集体建设教学资源库等方式，提升师资团队整体实力和教学水平。

②产教融合教学团队

该教学团队主要负责部分应用型选修课程、实践课程的教学任务，并包含选择产教融合方向学生的毕业实习和毕业论文环节，师资队伍由校内专任教师和校外行业企业导师队伍组成“校企通融”双师型产教融合教学团队。团队建设包含理论教学与实践教学，也包含对学生的双创指导、毕业实习和毕业论文指导，并注重向学生灌输职业规范和企业文化，使其能更好地在毕业后适应行业企业的工作需求(图6-5)。

在教学理念上，以产教融合为主要途径构建立体化实践教学“三维度”，即实践教学内容、能力培养、实践活动方式。实践教学内容可以概括为“三层五训”，其中，“三层”指的是分层次培养，包括基础型实验、综合型实习、创新型实践；“五训”指的是分层次训练，包括课程实验训练、综合性实践训练、竞赛性实践训练、创新性实践训练、项目实战训练，通过“三层五训”达到培养学生实践能力和创新能力的目的。

能力培养包括专业认知、专业技能和创新能力三个层次。实践活动方式则包括校内实验、校外实习和产学研融合实践。

第一层——基础实验：在有限的学时中，注重知识点的转化吸收和实践教学的一体化，发挥“课程群”一体化的优势，每一个课程的具体实验内容应是“课程群”实践主题中的一部分，这个主题往往是课程团队的科研内容或行业企业生产项目主体相关的实践项目方案，在一个主题贯穿始终的教学模式下，不断强化各个知识点的应用，使得实验内容具有连贯性。

第二层——综合实习：将实施产教融合的“课程群”在一个主题贯穿始终的教学模式下，将课程知识转化为以学生为主体的自我应用当中，相对于上一个阶段，从实践项目参与的性质走向实践项目的自我设计和规划管理，完成知识融会贯通。

第三层——创新型实践：毕业实习、毕业论文(设计)与整个教学团队的科研课题相结合，与行业导师所在的企事业单位生产项目相结合，学生围绕教学团队的科研课题、实习实践基地的生产项目研究开展毕业实习和毕业论文(设计)研究。通过科教融合、产教融合立体化实践教学体系的学习与训练，不断提升学生的实践能力和创新能力。

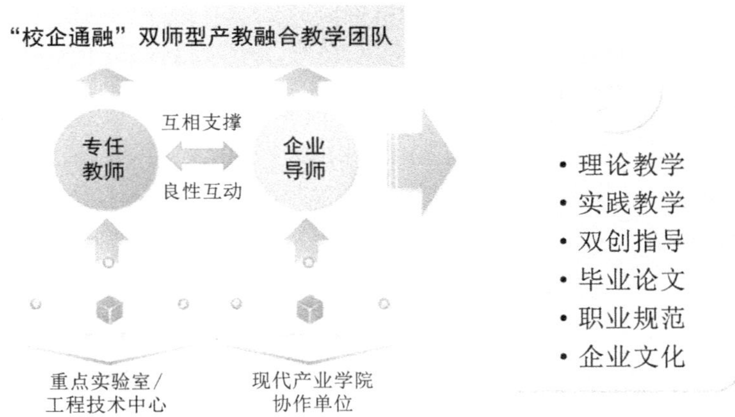

图 6-5 “校企通融”双师型产教融合教学团队构成

(3) 形成 OBE 闭环教学体系，总结教学改革效果，建立持续改进机制

整个课程体系改革包含“课程体系→教学内容→教学团队→教学资源→教学评价”的全过程。基于 OBE 理念开展教学评价，首先要明确课程的学习成果，这些成果是可衡量、具体、可达成的，并且与学生的职业规划和发展相关。在评价方式上，设置考试、作业、项目、实践等多种形式，以达到全面评估学生的学习成果和能力的要求。评价过程中注重学生的实际表现和能力，而不是单一的知识记忆。基于评价结果，分析学生学习成果和不足之处，为学生提供反馈，并针对不足之处进行相应的课程改进。同时需要持续监测学生的学习成果，以确保课程的有效性和质量。

基于评价体系，建立“学生中心、产出导向、持续改进”的教学评价和课程体系持续改进机制，制定地理信息科学专业课程体系建设及改革方案。方案包含对实施改革后的教学模式和改革途径开展教学效果评价，并根据评价结果，重点进行课程体系、教学要求、教学内容的改革，及时修改课程体系设置、修改课程标准和课程内容，完善教学团队和教学资源建设。(图 6-6)。

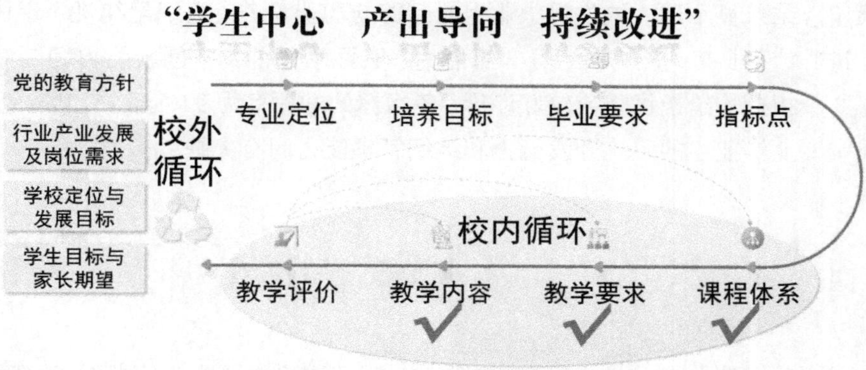

图 6-6　基于 OBE 理念的教学过程闭环体系建设

6.5　专业建设成效

6.5.1　社会声誉与区域影响力

南宁师范大学地理信息科学专业的毕业生遍布广西 14 个地市并辐射全国，毕业 5 年后绝大部分成为自然资源、城乡规划、生态环境等行业企事业单位的技术骨干；毕业生自主创办地理信息相关行业企业 10 余家，30 余名优秀毕业生入职高校院所成为有较高影响力的专家学者；2019 年本专业进入广西一本批次招生，“软科”专业排名位居广西第一。

6.5.2　第三方评估跟踪调查结果

依据麦可思公司对我校 2018—2020 届毕业生培养质量调查报告，本专业毕业生考研升学率达 30%。就业率超过 90%，工作与专业相关度超过 93%，毕业生年薪水平在全校各专业中排名前十。毕业生对母校满意度高达 97. 44%，对母校推荐度超过 85%。

6.5.3　走访调研评价结果

对南宁自然资源信息集团有限公司、华蓝设计(集团)有限公司等 10 余家用人单位开展本专业毕业生问卷调查和走访调研。问卷和调研问题根据培养目标设定。结果显示用人单位对毕业生的品德与职业素养、组织纪律性、责任心和上进心、专业基础能力、终身学习能力、实际动手能力、创新能力和一专多能等 8 个指标均给予优秀或较好评价，各指标的好评率为 92%至 96.5%；但也指出本专业毕业生的系统开发能力和组织管理能力尚有欠缺。

参考文献

[1] 徐冠华，黄写勤. 数字经济背景下地理信息产业现状及发展重点探讨[J]. 地理信息世界，2022，29(5)：1-3.

[2] 高志民. 我国地理信息产业逐渐趋稳发展[N]. 人民政协报，2022-08-18(007).

[3] 教育部等五部门. 关于印发《普通高等教育学科专业设置调整优化改革方案》的通知[EB/OL]. (2023-02-21)[2023-03-02]. http：//www. moe. gov. cn/srcsite/A08/s7056/ 202304/t20230404 _1054230. html.

[4] 汤国安. 新时代 GIS 高等教育的改革和探索[J]. 地理信息世界，2021，28(2)：1.

[5] 邓磊，李小娟，宫辉力，等. 地理信息科学一流人才培养的探索与实践[J]. 地理信息世界，2021，28(2)：2-5.

[6] 潘竟虎，李传华，张彦丽，等. 新工科背景下"二元—多维—交互"的 GIS 创新人才培养模式构建与实践：以西北师范大学为例[J]. 测绘与空间地理信息，2022，45(4)：14-17.

[7] 张晓露，王妮. 地方高校地理科学专业就业现状及相关对策研究[J]. 陕西教育(高教)，2020(11)：46-47.

[8] 王妮，王春，陈泰生，等. 产教协同 GIS 一流应用型专业人才培养模式研究与实践[J]. 滁州学院学报，2022，24(2)：112-116.

[9] 詹友基，贾敏忠，高璐. 新工科背景下应用型本科高校师资队伍建设：以福建工程学院为例[J]. 教育评论，2022，281(11)：133-137.

[10] 刘松. 新工科实践教学人才培养模式的重构与创新[J]. 湖北师范大学学报(哲学社会科学版)，2023，43(2)：113-117，133.

[11] 吴浩，李畅，刘鹏程，等. 新工科背景下地理信息科学专业实验教学体系改革研究[J]. 中国教育技术装备，2020，480(6)：112-114.

[12] 胡华忠. "课程思政"的价值意蕴、理念内涵和实现路径[J]. 中国高等教育，2022，

687(6)：10-12.
[13] 李志义. 解析工程教育专业认证的成果导向理念[J]. 中国高等教育，2014，528(17)：7-10.
[14] 钟海青. 地方高校办学特色的培育与发展[J]. 中国高等教育，2012，491(22)：18-20.
[15] 王永泉，胡改玲，段玉岗，等. 产出导向的课程教学：设计、实施与评价[J]. 高等工程教育研究，2019，176(3)：62-68，75.
[16] 郭善利. 产教融合、服务地方，走地方高校发展的特色之路[J]. 山东教育(高教)，2019，1089(11)：11.
[17] 于意，谭慧子，盛欣. 高校现代产业学院建设中"三链"有效衔接研究[J/OL]. 当代教育论坛：1-13[2023-05-03]. https://doi.org/10.13694/j.cnki.ddjylt.20230315.002.
[18] 刘辉，朱晓峻，刘霞. 基于产学研协同创新的现代测绘工程实践教学改革[J]. 大学教育，2020，117(3)：31-35.
[19] 傅伯杰，冷疏影，宋长青. 新时期地理学的特征与任务[J]. 地理科学，2015，35(8).
[20] 宋松，吴志峰，陈宇红. 高校地理师范专业课程思政路径探析[J]. 领导科学论坛，2023，210(4)：147-150.
[21] 李增科，高井祥. 人工智能背景下特色专业课程思政建设探索与实践：以中国矿业大学测绘工程专业为例[J]. 测绘通报，2022(S1)：17-20.

第 7 章

面向需求的自然地理与资源环境专业改革探索与实践

7.1 专业现状分析

自然地理与资源环境专业是面向生态文明建设需求，以自然地理为底色，培养面向自然资源部门和生态环境部门用人需求的专业，契合国家生态文明建设大方向以及广西区域经济社会发展的需求。该专业涉及地球表层特征及其变化、自然资源管理、环境保护、3S(遥感、地理信息系统、全球定位系统)技术等领域，主要涉及自然地理现象、资源分布及其与环境保护等方面的内容。学生在这个专业中学习资源利用和环境发展相关联的专业知识，如水资源的合理利用、土地资源的利用与评价、资源环境遥感等，成为具备扎实专业基础、较强实践能力、较高职业素养的人才。自然地理与资源环境专业的发展方向众多，一般包括：

资源管理与规划：随着全球资源紧缺和环境问题的日益严重，本专业人才可以在政府部门、研究机构或企业中从事自然资源的调查、评估、规划和管理，确保资源的可持续利用。通过学习资源管理相关的管理学、经济学知识，具备综合管理和决策能力，为胜任资源管理与规划工作奠定了坚实的基础。

环境保护与修复：环境保护已成为全球共识，本专业人才可以在环境监测、污染治理、生态修复等方面发挥作用，为改善生态环境质量提供科学依据和技术支持。

防灾减灾：自然灾害可以根据其地理属性进行分类，从而研究不同类型灾害的空间分布、发生机制和影响，本专业人才可以帮助灾害管理部门理解灾害的区域分异规律，从而进行定量分析和风险评估。

气候变化研究：气候变化对自然地理环境产生了深远影响，本专业人才可以参与气候特征分析、建立模型、气候变化影响评估以及适应和缓解策略的研究。

信息技术应用：信息技术在资源调查、环境监测、灾害预警等方面具有重要作用，本专业人才可以利用遥感技术进行大范围的地表覆盖和变化分析。

可持续发展研究：可持续发展是当前国际社会的重要议题，本专业学生熟悉环境保护、自然资源合理利用和可持续发展等相关方针、政策和法规，这使得其能够更好地理解可持续发展政策，在工作中为政策制定、规划实施、效果评估等方面提供科学支持。

因此，自然地理与资源环境专业不仅可为学生提供扎实的理论基础和实践技能，还可以为毕业生提供多样化的职业发展路径。随着社会对环境保护意识的增强以及可持续发展战略的实施，对能够从事自然资源管理、环境监测与评价、生态保护与修复等工作的专业人才需求日益增长，就业面逐步扩大。此外，自然保护地和生态旅游业的发展前景良好，对专业人才的需求也非常大。

7.2　专业存在的问题

尽管自然地理与资源环境专业具有一定的发展前景，但也存在就业市场饱和的情况，一些毕业生可能难以找到与专业对口的工作，这会导致很多学校重新评估该专业的市场需求和就业前景。根据教育部等五部门印发的《普通高等教育学科专业设置调整优化改革方案》，到 2025 年，高等教育学科专业结构将更加协调，特色更加鲜明。该改革旨在优化调整高校 20%左右的学科专业，新增一批适应新技术、新产业、新业态、新模式的专业，淘汰不适应经济社会发展的学科专业。而自然地理与资源环境专业属于传统的基础理科专业，其发展前景自然不如一些热门工科专业，因此很多学校可能更倾向于发展那些能够体现其特色和优势的专业，导致一些学校选择撤销该专业。对于该情况，南宁师范大学地理科学与规划学院通过多年走访调查，总结该专业存在的主要问题包括：

7.2.1 课程体系结构不合理

一些学校的自然地理与资源环境专业因自身硬件条件不足，发展时间较短，因此专业课程体系仍然以理论类课程为主，缺乏实践应用类课程[1]。理论课后没有安排足够的实践课程，导致课程体系缺乏连贯性和有效衔接，使学习内容无法应用到实际。也有一些学校虽然明确了应用型人才的培养目标，但实践课程仍然薄弱，学生动手能力不强，影响了学生就业竞争力[2]。

7.2.2 专业特色不鲜明

由于自然地理与资源环境专业属于传统理科专业，又较为偏基础，因此其专业课程设置中缺乏特色课程[3]。尽管该专业方向相对明确，但课程设置仍然过于宽泛，很多院校没有根据社会需求对专业特色进行精准优化[4]。主要体现在对课程规划的不合理，缺少流畅的专业课程衔接体系，更多的是将多个专业的课程混合在一起，使得课程杂、课程难，无法体现出地理学与资源环境学的交叉特性[5]，专业特色不明显。还有部分学校的资源环境与城乡规划专业的课程出现重叠和雷同，没有形成优势交叉，反而混淆了原本的自然地理特色[6]。

7.2.3 实验条件的限制较大

自然地理学的研究和人才培养受限于实验和实证条件，与国内外先进的大学相比，国内很多中西部地区的地理学专业的实验条件存在明显差距，面临专业实验室不足，缺少虚拟仿真实验室，缺少关键操作设备等问题，导致无法有效开展自然地理实践教学[7]，学生缺少在资源利用领域一些必要的实操练习，无法掌握该方面的实用技能。如自然灾害防治方面，因缺少虚拟仿真实验或项目经历，学生对灾害防治的理解多停留在理论方面[8]。

7.2.4 就业前景不明朗

自然地理与资源环境专业相对于一些热门专业来说就业前景不太友好，缺乏对口的行业，因此在就业中一直处于劣势。课程体系也没有根据社会需求和就业市场的具体变化进行及时调整，导致学生所学知识和技能与市场需求不匹配[9]。多数毕业生要么选择当地理老师，要么转行，这与专业的设置初衷明显背道而驰，因此急需给予专业更多的就业指导，使毕业生找到明确的就业方向。

7.3 专业人才培养模式的改革设计

7.3.1 强化应用型课程

自然地理与资源环境专业具有跨学科特点，首先可以设置生态学、环境科学、管理学、规划学等交叉课程，培养学生的跨学科思维和应用能力。其次，还需要强化技术应用教学，如加强 GIS、遥感、地理信息系统等技术在自然地理学中的应用教学，提高学生利用现代技术解决实际问题的能力。课程中主要通过案例进行教学，通过案例分析，让学生了解自然地理学理论在解决实际问题中的用途，提高问题的分析和解决能力。

在课堂中推行项目式教学，将教科书内容精减，开发“模块—项目—任务”为主线的项目化教学课程体系。对于一些新开发的应用型课程，首先加强教材建设，组织团队课教师编写适合自己课程的校本教材。同时，也要鼓励学生参与实际项目，如资源评估、环境影响评价等，通过项目导向学习，提高学生的综合应用能力。还应与关联企业和研究机构合作，共同开发应用型课程，为学生提供实习和就业机会，同时将实际项目引入课堂教学中。

7.3.2 接轨市场需求突出自然灾害教育

根据《2023 年全球自然灾害评估报告》显示，全球自然灾害频次和经济损失的变化凸显了对自然灾害防治专业人才的需求。中国应急产业的快速发展也为自然灾害领域的专业人才提供了广阔的就业市场和发展空间。随着国家对应急管理的重视程度不断提升，这一领域的市场需求也在增加，自然地理与资源环境的毕业生的专业背景正适合对接这一需求。毕业生对应不同灾害防治部门，可以在政府应急管理机构、灾害风险评估公司、非政府组织、环境咨询公司、城市规划等部门进行就业。

为了对接自然灾害领域的人才需求，自然地理与资源环境专业应及时调整培养方向，突出自然灾害教育，改革课程体系。此外，自然灾害的防治不仅是地理学的问题，还涉及政治、经济、社会和管理学等多个领域，因此还需要跨学科整合，形成多学科交叉融合的课程体系。突出自然灾害教育的课程体系改革内容包括：其一，开展风险评估和灾害损失评估方面的教育，学习灾害风险管理，灾害经济学、灾害风险评估模型等，培养灾害保险方面的专业人才。其二，通过了解灾害的成因、影响程度、空间分布及特征，开展防灾规划学习，并邀请防灾规划、应急管理等领域的专业机构和专家讲授实际案例。其三，在课程内容上实现“四个递进”[10]，即从灾害科学教育向防灾减灾教育递进，从单灾种向多灾种、灾害链教育递进，从乡土灾害、身边灾害向国内国际大灾、巨灾教育递进，从“自然灾害”向“自然—人为”复合灾害教育递进。总之，防灾减灾是一个跨学科领域，要结合工程学、信息科学、社会学、环境科学和政策研究等多学科知识才能有效实施灾害教育。

7.3.3 培养生态修复技能对接生态修复行业

随着国家对生态文明建设的重视，出台了一系列政策支持生态修复行业的发展，如《绿色产业指导目录(2019 年版)》将生态保护、生态修复等行业纳入绿色产业范畴。生态修复行业涉及多个部门，包括国家发展改革委、自然资源部、生态环境部、水利部、农业农村部等部门。也有诸多大型企业涉及生态修复，如建工修复、高能环境、森特股份、博世科等都是专注于环境修复领域的上市公司。未来的生态修复行业将呈现多元化发展趋势，除了传统的生态修复工程外，还将涌现出更多的新型生态修复项目，如城市生态修复、矿山生态修复、海洋生态修复等。因此，生态修复领域的就业市场需求在不断扩大，可以将自然地理专业的人才向生态修复方向培养。

生态修复也是一个跨学科领域，涉及环境科学、生物学、地理学、社会学等多个学科。需要通过跨学科学习，全面理解生态系统的复杂性，并开发出更有效的修复策略。因此，培养学生的生态修复技能是一个多维度的过程，涉及理论知识的学习、实践技能的培养以及持续的专业发展[11]。可通过参与实际的生态修复项目来提升实践技能，如首先学习土壤或水体受重金属污染后的变化，植物如何吸收重金属，再学习污染物的去除效率和机理等。学生通过在生态修复项目中实习，获得实际工作经验，掌握环境遥感监测、水环境修复、土壤环境修复、污染场地环境修复等技术。此方式将推动学生将理论知识应用于实践，提高学生在生态修复领域解决实际问题的能力。

7.4　专业课程改革实践

7.4.1　组建系列课程团队，培养专精特色人才

南宁师范大学地理学院将“自然灾害防治”与“生态环境修复”作为专业未来发展方向，设置系列课程，如“自然灾害防治”方向设置了“自然灾害学”“自然灾害应急处理”“灾害调查与评价”等系列课程，“生态环境修复”方向设置了“恢复生态学”“水生态保护与修复”“污染土壤修复技术”“城市生态修复工程案例”等系列课程，这些课程多数偏向应用与实践。而面对实践型教师人才少，经验不足等问题，本专业将 12 名教师分别组建课程团队，即组建了“基础自然地理”“自然灾害”“生态修复”3 个课程团队，每个团队负责该方向的系列课程。同时在现代产业学院架构下实行了“双师课堂”，实行校企协作，即在课程团队中加入企业教师，提升团队的项目经验，帮助团队教师共同成长。如“生态修复”课程团队联合了广西地质调查院地球化学所的两位高级工程师开展了《广西农业地质调查评价工作探索与实践》《勘查地球化学项目实例分析与讲解——以多目标地球化学调查项目为例》的课程讲座，介绍了多目标区域地球化学调查、土地质量地球化学评价、农用地土壤污染状况详查、企业地土壤污染状况调查、土壤污染与修复专题调查等内容，极大丰富了生态修复方面的课程案例，授课效果极大提升。此外，“生态修复”课程团队还借助我校北部湾环境演变与资源利用教育部重点实验室的科研资源，向学生介绍了重点实验室老师在生态保护与修复方面的课题和科研方向，让学生参与到生态保护与修复方面的课题中。该举措也取得显著的成果，如 2019 级本科生在其导师的指导下，分别以第一、第二作者身份在核心期刊成功发表论文。2020 级本科生申请了名为“基于植物区系的地理成分分析软件”的专利，体现了本专业学生在生态应用方面的创新发展能力，成长为该领域的特色人才。

7.4.2　建设创新教学实验室，提升实验课程质量

近几年，南宁师范大学地理科学与规划学院依托“自然资源数字产业学院”建设了一系列创新教学实验室，如“空天地一体化监测实验室”“智慧国土规划

室”“遥感信息实验室”“自然资源科普展示实验室”等。这些特色实验室不但可作为科研平台开展研究，还可以向专业学生开放，给予更多的实践学习机会。已开展的实验课程包括“遥感技术应用”“自然资源调查与评价”“城市生态与环境规划”等5门，已面向地理科学类多个专业授课，同时也协助其他学院完成相关实验课程。在实验教学中，这类课程会让学生在掌握了一定的专业知识和基本实验技能的基础上开展综合实验，让学生运用自己掌握的理论知识和技能，系统地完成一些具有一定深度和广度的综合性研究，形成成果并提交。此外，这类实验课程会依托场景创建一个让学生自由申请、亲自动手的实践环境，这样更能提高学生的应用能力。能让学生得到包括实验设计、方案实施、结果分析等全方位的培养和训练，并且会增加设计型综合实验、小型研究性实验，全面培养学生在实践中发现问题、分析问题及解决问题的综合能力，培养出适应现代社会的高素质人才。由于目前学院的实验室仍在建设完善中，其中一些高危型、高成本的教学实验还未完全实施，待后续完全建成，可采用虚拟仿真的方式开展，提升数字技术与实验教学的融合度。

7.4.3 注重学生中心，打造特色课堂

南宁师范大学地理科学与规划学院将很多课程参照专业认证的理念进行改革，如将师范专业认证中的“学生中心、产出导向”作为“自然地理学”课程的改革方向，打造特色课堂。“自然地理学”是地理类专业最核心的课程之一，具有很强的理论性和实践性，对专业人才的培养至关重要。学院在打造特色课程时注重“学生中心、产出导向”，因此课程团队将强化内容放在了课程的讨论与总结环节。在当天的课程结束后，教师及时组织学生对当天的内容进行讨论分析，主要通过“学习通”软件在线上开帖讨论，讨论的内容包括不能充分理解的难点、习题做错的原因等。通过及时、“新鲜”的回顾，有利于学生及时发现不足并改正，加深对基础知识的理解和掌握。学期末还会组织学生对课堂及书本内容进行总结，绘制思维导图并按照作业的形式提交，培养学生总结归纳知识的能力。目前，该课程仍在使用“学习通”软件进行辅助教学，每一级的课程留言讨论都能达到一百多条，学生对该方式也比较认可，跟帖留言人数占比达到了57%。另外，学生在考试与作业中也表现出对自然地理问题有了更深刻的了解，能解释更多的自然现象，真正达成了“学生中心、产出导向”。

7.5 小结

近年来，多数学校对非热门专业都做了大力调整，减少一些就业差的传统专业，增加一些就业好的热门专业。自然地理与资源环境专业作为被众多学校撤销的专业之一，要想在现今的大环境中不被淘汰出局，就必须做出改革，面向市场需求，更新其课程体系，坚定走以问题为导向，以科教融合、产教融合为途径的改革之路。此外，还应为学生提供必要的职业规划指导，帮助学生了解行业动态和职业发展路径，提前做好职业规划和就业准备。最后，专业还应主动拥抱智能化浪潮，使用智能化技术实现资源环境领域的多样化和深度化，才能为可持续发展作出贡献。

参考文献

[1] 周嘉，万敏，郝冬梅，等. 地理科学类专业课程体系的构建与课程设置[J]. 黑龙江科学，2017，8(18)：138-139.

[2] 王淼，尹辉，郑兴芬，等. 地方高校地理科学专业大学生就业调查与分析[J]. 地理教育，2015(8)：53-54.

[3] 周春江. 高校地理科学专业本科专业课程设置现状分析[J]. 教育现代化，2017，4(27)：29-30.

[4] 张守忠，王兰霞. 基于就业视角的资源环境与城乡规划管理课程体系优化研究[J]. 当代教育论坛(综合研究)，2010(10)：101-102.

[5] 刘永林. 地理科学专业课程体系的思考[J]. 科技视界，2015(18)：141-142.

[6] 赵盼盼. 供给侧改革下土地资源管理专业课程体系优化[J]. 内蒙古财经大学学报，2018，16(2)：115-118.

[7] 徐永新. 自然地理学实践教学资源建设现状与提升途径初探[J]. 许昌学院学报，2019，38(2)：63-66.

[8] 张慧如. 关于当代大学生灾害意识的调查分析[J]. 中国海洋大学学报(社会科学版)，2022(S1)：97-101.

[9] 吕飞，魏晓芳，罗超，等. 面向卓越应用型人才的地方建筑类院校城乡规划专业培养方案修订研究：以苏州科技大学城乡规划专业为例[J]. 中国建设教育，2024(1)：64-69.

[10] 任群委. 我国应急管理体制的演进历程、基本经验及未来展望[J]. 云南行政学院学报，2023，25(4)：95-107.

[11] 窦攀烽，田蕴枫，杨磊. 国土空间生态修复背景下城乡规划专业生态环境类课程教学改革探讨[J]. 高教学刊，2024，10(28)：151-154.

第 8 章

深化科教产教融合的地理科学类专业实践教学体系构建

8.1 实践教学体系的改革背景

随着经济的快速发展和产业结构的不断优化升级，行业产业对人才的需求也在不断变化。2017 年 12 月，国务院办公厅颁发的《关于深化产教融合的若干意见》更是明确指出，要深化产教融合，促进教育链、人才链与产业链、创新链有机衔接，为全面提高教育质量、扩大就业创业、推进经济转型升级、培育经济发展新动能提供有力支撑。2018 年 10 月教育部颁发的“新时代高教 40 条”明确：综合运用校内外资源，建设满足实践教学需要的实验实习实训平台。加强校内实验教学资源建设，构建功能集约、资源共享、开放充分、运作高效的实验教学平台；结合国家重点、重大科技计划任务，建立科教融合、相互促进的协同培养机制。推动国家级、省部级科研基地向本科生开放，为本科生参与科研创造条件，推动学生早进课题、早进实验室、早进团队，将最新科研成果及时转化为教育教学内容，以高水平科学研究支撑高质量本科人才培养。

地理科学是研究地球陆地表层自然现象和人文现象的空间分布、相互关系及发展变化的学科，具有综合性和区域性等特点，是一门理论、技术与应用并重的学科。2018 年教育部高等学校教学指导委员会对地理科学类专业培养目标明确要求：学生应掌握自然地理学、人文地理学以及地理信息科学与技术的基础知识、基本理论、分析方法和应用技能；同时具有较强的科学探索精神和接受新知识、新理论、新技术的能力以及良好的合作精神和团队意识。南宁师范大学地理学科立足自身的办学特色，突破地理学科传统的理科思维，瞄准基础教育和自然资源部门的新需求、新业态，设置地理科学类四个本科专业，并以“四新”理念，拓展地理科学类应用型专业内涵和新方向，重构了面向的行业地理科学类专业培养目标（图 8-1）。为支撑地理科学类专业高素质的复合型人才培养，积极探索以深化科教融合、产教融合为主要途径，构建了培养地理科学类专业复合型人才的实践教学新体系。

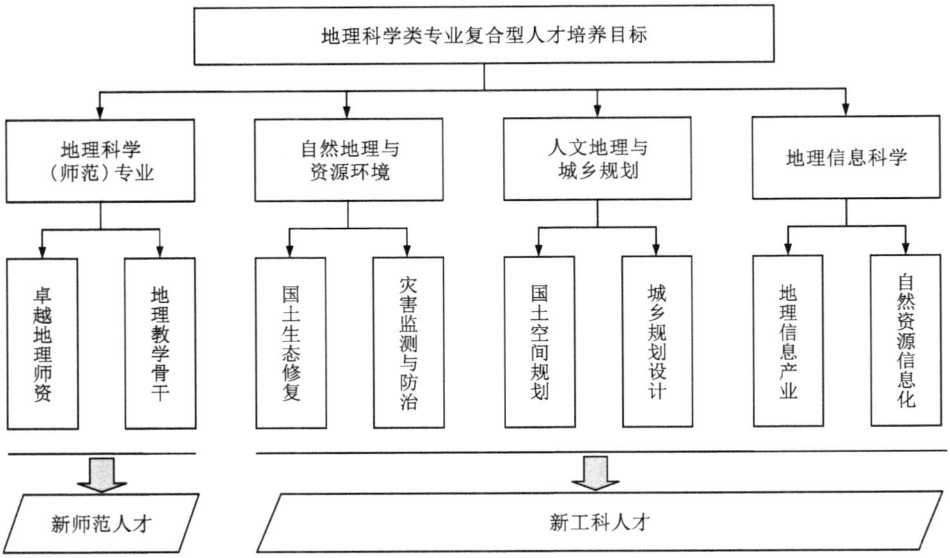

图 8-1　面向行业产业需求的地理科学类专业复合型人才培养目标

8.2　实践教学体系存在的问题及改革思路

8.2.1　实践教学体系存在的问题

实践教学作为人才培养中的重要一环，目前已受到高校的广泛关注，如何有效破解高校人才培养过程中实践环节改革的痛点、难点成为当前教育领域亟待解决的核心问题。但当前产教融合面临校热企冷、有合无融的问题，科教融合教学资源开发不足，同时缺乏相应的管理机制与清晰的运营模式也使得实践教学改革受阻。同时，与之配套的实践教学相关理论指导研究还存在一定差距，因此实践教学改革面临着诸多困境和问题，主要表现在以下几方面：

(1) 实验教学仍以验证性实验为主

随着自然资源行业对复合型人才培养的要求逐渐提高，高校对学生实践动手能力的培养也提出了越来越高的要求。然而，在当前的地理科学课程课堂实验教学中，验证性实验仍然占据主导地位，综合性、设计性实验比例不高，这极不利于培养学生的综合思维和创新能力。

(2) 科研成果与教学实验存在割裂

近年来，学科科研团队承担了大量国家级和省部级科研项目，取得了一系列重要科研成果，但科学研究与实验教学仍存在割裂现象。教师参与(组织)实践教学的主动性、积极性不高。教师的科研成果未能及时转化为教学内容或实验内容，导致实验教学内容陈旧，实验教学缺乏前沿性，学生难以接触到前沿科学知识，不利于培养学生的创新思维。

(3) 实践教学与工程项目实操脱节

实践教学环节仍停留在模拟实验、案例分析等层面，缺乏与真实工程项目紧密结合的机会，未能涵盖最新的行业标准、技术规范和工程实践，导致学生所学知识与实际工程项目需求之间存在明显差距。这种不匹配使得学生在毕业后难以快速适应行业产业工程项目的要求，增加了就业难度。

8.2.2　实践教学体系的改革思路

(1) 逆向重构实践教学模式

首先以培养目标和毕业要求为基准，深化科教融合、产教融合，调整实践教学课程设置，改革实践教学体系、方式方法和保障机制等。其次构建递进式实践教学体系，包括基础实验、专题实习、综合实习和“双创”训练项目，逐步培养学生的实践能力。建立多元化评价体系，注重实践过程与成果评价，通过持续反馈调整教学策略，确保实践教学体系有效支撑学习成果的达成，逐步构建科教产教融合、多方协同育人的实践教学新模式。

(2)改革实践教学方式方法

在课堂实验环节，减少验证性实验，增加综合性实验，设计更多跨学科的综合性实验，鼓励学生自主探究与创新。采用项目驱动、小组合作等实验教学模式，激发学生兴趣与主动性。在实习环节，设计面向行业真实生产环境的任务式培养模式，鼓励学生跟岗、顶岗进行生产实习，让学生了解行业产业发展的动态，提高学生工程项目的实践能力。依托项目研发问题指导学生开展创新训练项目设计和毕业论文选题/设计，培养具有较强适应能力的复合型人才。

(3)产学研融合共建实践平台

借助企业资源，通过共建共管、合作共享等方式，在校内建设“功能集约、开放共享、共抓共管”的校企合作实验教学平台，引进行业先进设备、先进软件系统和先进技术规范。深化产学研融合，校企合作建设兼具生产、教学、研发、创新创业功能的校内外实习实训基地，为学生提供一个集教学、科研、实践于一体的实习实训平台。通过校企联合制定实习实训方案，确保实践内容与行业需求紧密衔接，使学生在实践中深化理论知识，提升解决实际问题的能力。

(4)校企合作开发课程资源

深化产教融合，校企合作开发课程资源，企业分享行业动态、技术标准，参与课程大纲制定，精准对接行业产业发展的需求，双方共同研发教材，更新课程内容，确保教学与行业同步。通过精心构建课程体系，优化课程结构与内容，确保教学内容紧密贴合行业产业标准、技术流程及项目开发实际。同时，积极探索校企合作路径，共同开发实训课程、实习教材及实践案例集。

(5)强化实践指导教师队伍建设

“双师双能型”教师队伍建设是高校深化校企合作、产教融合及复合型人才培养的重要手段之一。一方面，鼓励高校专业教师通过深入企业第一线，不断积累大量的行业实践经验，及时了解行业最新动态，了解企业需要的技术，通过为企业解决实际问题，不断提升自身的专业技术和业务能力。另一方面，从企业一线具有工程实践经验的专家中引进(聘请)人才，共同指导学生实习、课程设计、毕业设计(论文)和大学生“双创”训练课题。

8.3　科教产教融合的实践教学体系改革举措

8.3.1　立足行业需求，构建“四链”融通的实践教学体系

立足行业和产业需求，学校持续调整优化地理科学专业培养目标。面向基础教育人才培养的地理科学(师范)专业定位于培养中学地理教师，同时分层设置地理科学陶行知实验班，培养适应基础教育的卓越地理师资；面向行业产业的自然地理与资源环境、人文地理与城乡规划和地理信息科学应用型专业，主要瞄准自然资源行业的资源环境监测评价、自然资源信息化、国土空间规划、城乡规划设计、国土生态修复和防灾减灾等领域。学校充分发挥地理学科特色和办学传统，依托重点实验室、工程技术研究中心等协同创新平台，深化校地合作、科教融合、产教融合，“大中”联合打造教师教育人才培养的 UGS 教育共同体——高中地理学科课程基地，校企合作共建现代产业学院平台——自然资源数字产业学院，依托重点实验室平台，深化产学研融合，搭建地标作物大数据工程技术中心、北部湾智慧海洋牧场等一批协同育人平台，构建了多元化、多层次的地理科学实践教学新体系(图 8-2)。

基层实验、综合实践和创新实践三个层次实践教学有机耦合，渐进式推进复合型人才培养。基础层次实验教学是课堂教学的重要组成部分，是理论教学的有效补充，其目的是强化学生的地理学基础知识、基础实践技能的理解和掌握。综合层次实践教学，其目标是培养学生的地理学科专业技能、综合分析与思维能力，并深化地理学区域性、综合性的认同。鼓励教师将科研小课题、课程大作业等明显具有研究性、设计性的实习教学内容融入综合性层次实验教学。创新层次实践教学，通过教师与学生的双向选择，指导学生参加“双创”训练项目、专业技能竞赛和毕业论文(设计)的训练，培养学生独立科研、创新思维和创新实践能力。

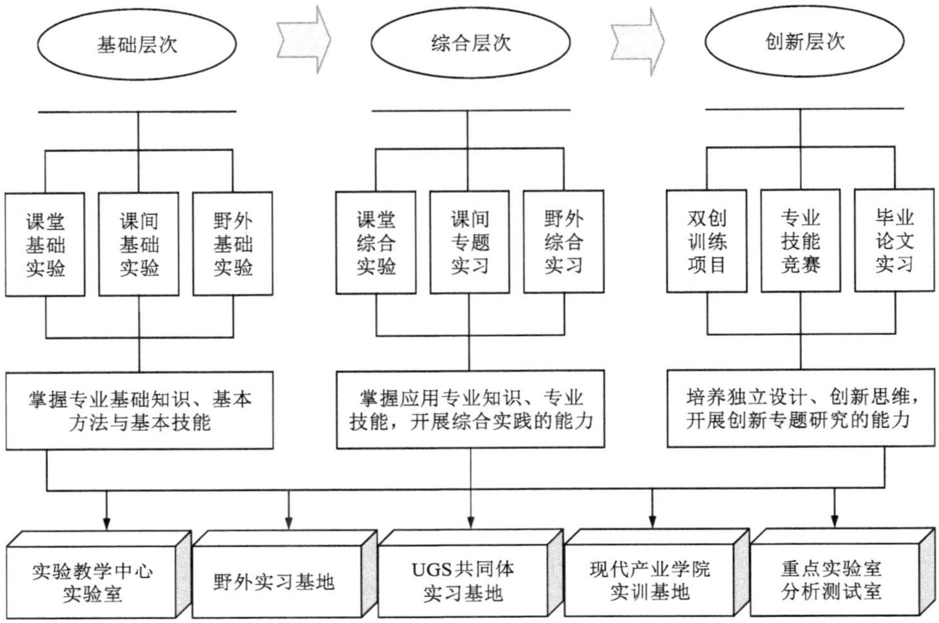

图 8-2　地理科学专业多层次的实践教学新体系

8.3.2　打造多元实践教学平台，支撑多层次的实践教学新体系

(1) 强化 UGS 合作，打造师范生“三习”基地

学校与南宁一中共建自治区级普通高中地理学科课程基地，与南宁三中、柳州高中、贺州高中、邕宁高中等示范性高中签订合作协议，共建多个 UGS 协同的“教师教育共同体”，建成 20 多个师范生“三习”基地，一体推进师范生实践教育和在职教师专业发展。组织师范生到实习基地进行观摩学习，使其初步了解教育教学工作，增强职业认同感。建立稳定的教育实习基地，确保每位师范生都能获得充分的实习机会；在实习过程中，注重培养师范生的教学实践能力、班级管理能力等综合素质。依托教育研习基地，通过组织专题讲座、研讨会等形式，引导师范生对教育教学问题进行深入思考和研究；鼓励师范生参与各类教育科研项目，提升其科研能力和创新精神。

(2) 强化产教融合，校企协同打造行业实践基地

深化产教融合，促进教育链、人才链与产业链、创新链有机衔接。学校与华蓝设计集团、南方测绘、北京超图软件、易智瑞、航天宏图等企业共建智慧国土规划实验室、自然资源空天地一体化监测实验室、GIS 信创技术实验室、遥感信息工程联合创新实验室、地质灾害监测与预测实验室等实验教学平台，探索校企合作的项目制人才培养模式，推动校企共同培养复合应用型人才。

(3) 深化科教融合，打造学生"双创"训练平台

依托教育部重点实验室的先进科研设施和丰富科研资源，为学生提供一流的科研实践环境。同时结合区域经济社会发展的需求，建立地标作物大数据工程技术研究中心、智慧海洋牧场工程研究中心、国土空间规划与修复治理工程技术研究中心、北部湾多层圈智能监测与数值预测工程技术研究中心等一批产学研一体化的创新平台。学校实施实验室开放和科研创新平台开放政策，引导学生依托科研项目进行科学研究和论文选题，开展创新创业训练与实践。

8.3.3　OBE 理念优化实践模式，培养学生职业核心能力和创新思维

(1) 强化校企协同，产学融通培养学生职业核心能力

更新实践教学内容。依托自然资源数字产业学院，引入行业产业先进技术、先进设备和产业项目案例，优化课堂教学和实验教学内容，提升教学的实用性和针对性。同时校企合作共同建设校外大型实习实训基地、研发平台，开展生产性实训，将实践教学与真实项目实操融为一体，强化实训内容与行业产业需求、职业标准对接，确保人才培养与产业需求高度契合。通过源于行业的真实项目实验实训，提高学生的职业核心能力和职业素养。

(2) 发挥学科优势，构建一体化、开放式的双创训练模式

通过依托重点实验室、创新团队和科研项目等资源，实施本科生导师制度，引导学生加入科研团队、参与科研项目、申报设计大学生"双创"课题。从项目申报、实验设计到数据分析、论文撰写，让学生在科研实践中学习科研思维和方法，提升创新能力和解决问题的能力。打造科教融汇共同体，强化科研

团队教学一体化，建设鼓励教师将科研项目和科研成果转化为教学内容和实验项目，使学生能够及时接触到学科前沿技术、方法和前沿的科研成果。

8.3.4 秉持产出导向原则，构建多元协同支持的实践教学资源矩阵

(1)深化产学研融合，打造“双师双能型”教师队伍

学校致力于探索并构建校地、校企间人才双向流动的创新机制，以此为核心，不断强化“双师双能型”师资队伍建设力度，为教学与实践的深度融合奠定了坚实基础。为了进一步提升教师队伍实践能力和行业视野，学校积极引进具有丰富行业工程经验的高层次专业人才，并鼓励青年教师深入政府部门、企事业单位进行实践锻炼，以期实现理论与实践的双向提升。同时，自然资源数字产业学院建立行业产业导师资源库，选聘具有高级职称的行业专家、技术骨干来校任教，邀请行业产业内的知名专家来校开设讲座，传授前沿知识和实践经验；聘请实践经验丰富的技术骨干协助指导学生的生产实习和毕业论文，确保学生能够在实践中获得真正的提升。

(2)产教融合，校企共建课程开发课程资源

学校引导行业企业深度参与教材编制和课程建设，构建校企共建、共享的课程体系，不断强化“实习实训—课程设计—课程”逐步深化的校企合作机制。自然资源数字产业学院结合培养方案修订，建设彰显自然资源领域特色、拓展专业方向与内涵，设置多门校企联合授课课程，联合授课课程由学校和合作企业共同开发和建设，双方一起制定教学大纲和教学计划、编写教材，共同开展教学活动。在教材方面，产业学院编写出版了《无人机测绘技术》《新时代村庄规划教程》《乡土地理教学案例研究》等实验教程教材，为自然资源数字产业学院的教材建设和人才培养提供助力；以行业发展驱动课程改革，整合相关的专业基础课、核心课和实验实践课，把行业企业的一线需要作为毕业设计选题来源，全面推行案例教学、项目教学，全面推动信息化教学，通过校校合作、校企合作联合开发课程。

8.3.5 课程思政引领，重塑地理学野外实习教学内容

地理学关注人地关系，涵盖自然地理环境和人文经济社会，研究对象中蕴

含丰富的思政元素。将思政元素融入地理学专业课程建设，可以实现“价值引领—能力培养—知识传授”的协调统一，达到全员、全过程和全方位育人格局。突出地理学专业课程思政的育人功能，注重培养学生家国情怀、科学素养、人文素养和实践精神。地理学的人地协调观，对接新时代“绿水青山就是金山银山”理论、乡村振兴等国家生态文明战略，培养学生崇尚自然、保护环境、人地和谐的理念。地理学注重家国情怀的感悟，让学生了解国家自然资源条件优越、新中国建设的伟大成就，培养学生参与国家和家乡建设的使命感和责任感。

学校变革以“名山大川”地理要素认识为主线组织野外模式，以地理学服务“国家战略规划、重大工程项目、重大生态治理”等问题导向牵引野外实习，强化地理理论知识转化为社会服务的内涵、方法、途径，强调使命驱动，形成地理学野外实践教学理念设计新规范。例如以西部陆海新通道建设规划中的平陆运河重点工程项目为牵引，组织地理野外实习教学，强化学生领悟地理自然/人文区位综合认识对服务国家重大需求的理解和学科价值；充分挖掘百色起义、湘江战役等红色资源，把思政教育融入地理野外实习过程，强化学生理想信念和正确的价值观；依托精准扶贫第三方评估等社会服务项目，打造思政教育、专业教育有机融合的社会实践课程，引导学生在社会服务过程中感受乡村振兴魅力，了解国情、乡情和民情，养成高尚的道德品质和高度的社会责任感。

8.4　主要建设成效

8.4.1　实验室类型完善，软硬件设备齐全

建设理念先进，管理制度完备。依托教育部重点实验室和自然资源数字产业学院，深化科教融合、产教融合，建设一批产学研用的实验室，积极探索实验教学模式改革，成效显著。已建成 45 个实验实训室，实验用房使用面积达到 4699.35 m^2，主要包括地理教育虚拟仿真实验室、地理教学过程模拟实验室、地理教学过程分析实验室、地质实验室、植物标本室、土壤标本室、天象观察实训室、地理信息技术实验室、地理信息科学专业综合创新实验室、城规专业综合创新实验室、北斗导航应用实验室、数字城规综合实训室、全息投影实验

实训室、空天一体化自然资源监测实训中心、智慧空间规划实训中心、生态修复实验室、自然地理综合实验室、天气预报实训室、灾害监测与防治实验室、创新实践教育与课程研发中心、自然资源开发利用联合创新实验室、灾害防治与生态修复联合创新实验室、数字国土空间规划联合创新实验室、自然资源大数据联合创新实验室、资源环境遥感信息工程联合创新实验室、亚热带农业遥感重点实验室、农业地理大数据分析实验室、现代教育技术实训室、智慧教室等。

近 3 年来地理学实验教学中心得到了学校的高度重视，学校先后投入学科建设经费、中央与地方共建资金、特色专业建设经费、地理学一流学科建设经费等 2000 多万元，实现中心实验环境的现代化改造，实验仪器设备的更新以及课程和教学内容的优化整合。近 3 年来更新和添置的新仪器设备共计 1451 台（件），仪器设备更新率达 51%，设备完好率达 99%。教学科研设备台（套）数达到 4000 多件，设备总值达到 5000 多万元，设备完好率达到 95%以上。

8.4.2 实验教师实力雄厚、结构合理，教学成果丰硕

实验教师队伍 110 人，平均年龄 42 岁，人员结构合理。其中正高级职称 25 人，占总人数的 23%，副高级职称 46 人，占总人数的 42%，中级职称 27 人，占总人数的 24%；博士学位 79 人，占总人数的 72%，硕士学位 18 人，占总人数的 16%，学士学位 5 人，占总人数的 5%。

近 3 年来，地理学实验教学中心承担了 15 项教学改革项目，其中自治区级 6 项、校级 9 项；《厚基础 强技能 促内化：地方高师院校进阶式实践课程体系的构建与实践》获得广西高等教育自治区级教学成果一等奖；《高中地理“四核四阶三路”学科育人创新实践》获得广西基础教育自治区级教学成果特等奖；《六“BIAN”递进教学模式培养高中地理综合思维的十五年研究与实践》获得广西基础教育自治区级教学成果二等奖；公开发表教改论文 30 余篇，先后出版《多源数据视角下市级国土空间总体规划人口与用地规模研究》《空间案例推理的村镇地质灾害研究》《〈地球概论〉复习与思考习题集》《乡土地理教学案例研究》《环境监测实验》《农业地理信息学》《行走八桂，知行合一》等 7 本教材或著作。2021 年 3 月，“精准扶贫与乡村地理社会实践”课程获得广西壮族自治区级一流本科课程，2023 年 6 月，升级为国家级一流本科课程。

8.4.3　人才培养质量好，辐射引领作用大

服务广西一流学科（地理学）的发展，综合保障地理科学、地理信息科学、人文地理与城乡规划、自然地理与资源环境等 4 个本科专业，以及自然地理学、人文地理学、区域环境学、地图学与地理信息系统等 4 个硕士研究生专业的日常教学和科研任务。“以赛促学”，积极组织学生参加国家和自治区级的专业比赛，加强与其他高校的学习交流，夯实学生的专业知识，提升学生的专业素养，激发学生的求知欲和动力，增强学生的荣誉感和对专业的认知。先后获得 2019 年第八届全国大学生 GIS 应用技能大赛二等奖、2019 年第六届中国国际“互联网+”大学生创新创业大赛、2019 年“数广集团杯”广西赛区选拔赛铜奖、2020 易智瑞杯中国大学生 GIS 软件开发竞赛优胜奖、2020 年第三届“航天宏图杯”PIE 遥感图像处理软件二次开发大赛优胜奖和三等奖、2020 年第九届全国大学生 GIS 应用技能大赛一等奖、2021 年第四届“航天宏图杯”PIE 遥感与地理信息一体化软件二次开发大赛二等奖、2021 年第十届全国大学生 GIS 应用技能大赛一等奖、2021 年第五届广西高校无人机大赛一、二、三等奖等奖项。先后参与承办了 2023 年全国地理科学展示大赛、2024 年全国地理学联合实习，加强全国兄弟院校的合作交流。

8.4.4　产学研多元协同，统筹推进，支撑多层次的实践教学

一是地理实验教学中心获得 14 项国家级科研项目、33 项省部级科研项目、以及 206 项校企合作项目，总经费达到 3570 多万元；在国内外学术期刊上发表论文 600 余篇，其中 SCI/EI 收录 188 篇，核心期刊论文 100 余篇。此外，出版专著 11 部；先后荣获厅局级以上科研奖励 7 项，包括广西第十七次社会科学成果奖、广西水土保持学会科技进步奖、广西测绘地理信息科学技术奖、广西天湖水利科学技术奖等。研究内容广泛覆盖气候变化与气象学、遥感与地理信息科学、生态与环境科学、农业与土壤科学等多个前沿及跨学科领域，显著提升了团队成员的学术影响力，为实验教学注入了丰富的科研资源与实战机遇，为实验教学提供了有力的理论支撑，有力促进了理论与实践深度融合。

二是进一步完善产学研基地建设。与广西 20 多所示范性高中签订合作协议，共建自治区级普通高中地理学科课程基地，共建多个 U-G-S 协同的“教师教育共同体”，建成 20 多个师范生“三习”基地，推进师范生实践教育和在职教

师的专业发展；与广西自然资源信息中心、广西地理国情监测院、易智瑞（中国）信息技术有限公司、广州南方测绘科技股份有限公司、航天宏图信息技术股份有限公司、南宁市气象局、南宁市自然资源信息集团有限公司、广西国土资源规划设计集团有限公司、广西产研院时空信息技术研究所有限公司、广西遥感空间信息科技有限公司、华蓝设计集团、北京超图软件等企业共建智慧国土规划实验室、自然资源空天地一体化监测实验室、GIS 信创技术实验室、遥感信息工程联合创新实验室、地质灾害监测与预测实验室等实验教学平台，探索校企合作的项目制人才培养模式，推动校企共同培养复合应用型人才，深化产教融合，促进教育链、人才链与产业链、创新链有机衔接。

参考文献

[1] 杨晗，文磊. 协同创新视域下信息类人才实践教学体系构建研究[J]. 教育教学论坛，2024(34)：157-160.

[2] 宋飚，冯章献. 面向国土空间规划的人文地理与城乡规划专业实践教学体系构建与改革建议[J]. 地理教学，2024(16)：61-64.

[3] 刘志奇，李兴莉，刘光明，等. 地方工科院校“两性一化”理念下实践教学体系构建与实践[J]. 高教学刊，2024，10(30)：48-51，56.

[4] 付茂如，胡雄武. 专业认证背景下勘查技术与工程专业实践教学体系构建探索：以安徽理工大学为例[J]. 创新创业理论研究与实践，2024，7(10)：111-114.

[5] 张秋云，张玉涛，刘峥军. 适应新工科建设的地方高校化工专业实践教学体系优化策略[N]. 科学导报，2023-08-11(B04).

[6] 王芷，杨雅新，刘俊鹏. 现代产业学院建设背景下地方高校实践教学体系建设：以大连海洋大学为例[J]. 才智，2024(30)：170-173.

[7] 王小萌，王虹. 地方性应用型本科高校设计类专业实践教学体系的改革与创新[J]. 美术教育研究，2024(17)：134-136.

[8] 赖绍聪. 改革实践教学体系创新人才培养模式：以西北大学地质学国家级实验教学示范中心为例[J]. 中国大学教学，2014(8)：40-44.

[9] 卢远，谭华云，潘新潮，等. 地理学社会实践课程思政建设的探索与实践：以乡村振兴与乡村地理社会实践课程为例[J]. 大学教育，2023(10)：134-137.

第 9 章

专业认证背景下自然地理学课程评价体系的构建实践

2017 年，教育部关于印发《普通高等学校师范类专业认证实施办法(暂行)》的通知，开始对师范专业进行认证工作，旨在通过师范专业认证推进和保障师范专业人才培养质量的不断提升。师范专业认证要求师范院校在人才培养过程中以“学生中心、产出导向、持续改进”为三大基本理念，同时强调对课程进行多元的、全过程的评价，并将评价结果用于教学改进，提高人才培养质量。本书将依据师范类专业认证三大基本理念，重新建立课程评价体系，并以南宁师范大学自然地理学课程为例验证评价体系的效果。

9.1 师范专业认证的背景与要求

9.1.1 认证背景

“师范专业认证”一词是“专业认证”在具体学科专业领域的延伸，指的是专门机构依照认证标准对师范类专业人才培养质量状况的一种外部评价，旨在证明当前和可预见的一段时间内，专业能否达到既定的人才培养质量标准[1]。因此，专业认证的目的是通过客观评估专业是否达到评价标准，注重的是在评估后对评价结果的反思与改进，以保障和提高人才培养质量，促进专业建设发展[2]。

我国高校师范类专业认证始于 2014 年，师范专业认证作为一种新型举措，它的出现给教师职前培养提出了新的标准，通过认证将增加专业的权威性和影响力，激励高校加强师范类专业人才培养模式改革，提高教师教育质量[3-5]。因此，如何通过国家专业认证，适应师范专业认证新形势，已成为近些年师范类院校的关键议题[6-7]。

9.1.2 认证要求

“学生中心、产出导向、持续改进”作为师范类专业认证的基本理念，对我国师范类专业的建设与发展具有重要的指导意义。在“学生中心”理念下，师范类专业的建设应坚持学生发展、学生学习、学习效果三者的中心地位，旨在强调专业建设要体现以生为本，坚持把学生培养作为专业建设的出发点和归宿[8]。基于“产出导向”理念，师范类专业的评价关注师范生的教育教学实践能力，而非知识掌握的系统性与深刻性，这一理念改变了以往培养中重理论轻实践的问题。“持续改进”理念体现了认证结果的使用，要求通过认证的专业需确立可持续的、动态的发展理念，强调认证只是对专业建设阶段性评判，摒弃了“一评定终生”的传统观念。

9.2 师范专业认证下的课程评价

9.2.1 评价基本原则

一是以人为本。课程评价提倡人性化地、发展性地看待学习的过程，认为课程评价是一种对人发展过程的研究。师范专业认证下的课程评价更应该将重点放在学生的全面发展和教师整体素质的提高，而不是关注结果。要对学生的发展水平和发展动态进行了解，并提供对学生成长有利的建议。此外，评价还应重视学生的意见与建议，尽可能减弱学生对评价的抵触与反感情绪，充分调动学生的积极性，鼓励学生参与到课程评价的全过程。

二是多元评价。现代课程评价需要面向多元化，主要表现为评价内容的多元化、评价标准的多元化、评价主体的多元化、评价方法的多元化等[9]。师范专业认证下的课程评价内容需关注多方面，既要考查学生掌握的基本知识、基本技能，又要关注学生的成长发展。课程评价的主体需要来自多个方面，如学生反馈、课程大纲等这些易被忽略的环节，从不同的侧面为评价提供更详尽的信息。课程评价的对象不仅有学生，还应有教师、教案等。

三是关注过程。指在教学过程中评价学生的进步，主要是观察学生知识、技能、态度的形成过程，关注学生在教育过程中的经验获得、学习活动中的主动性、与同伴的交流合作等，强调把教学实施、学习活动、学生自我评价等都纳入评价[10]。评价的内容应囊括从目标设定到成果归纳的所有阶段，并将全过程信息进行收集反馈。

9.2.2　评价方式

课程评价的方式一般可分为两种，量化评价与质性评价。量化评价可表述为：力图把复杂的教育现象和课程现象简化为数量，进而从数量的分析与比较中推断某一评价对象的成效[11]。最常见的评价形式是"课程是否达到这一目标"，类似于泰勒的评价模式，需要收集特定数据(考试分数、问卷等)，采用统计分析方法，得出结论与建议。量化评价的优点是逻辑性强，标准化程度较高，能对课程现象的因果关系作出精确分析，结论也更为客观和科学[12]。因此，量化评价主要适用于目标的达成度评价，可得到准确的结果。质性评价可表述为：通过描述等手段，对评价对象的各种特质进行充分揭示来进行评价。其目的在于通过对课程进行广泛细致的分析，深入理解，进而描述课程的价值和特点。质性评价被定义为一种过程性评价，是对过程的描述与反思[13]。质性评价内容增加了对教学本质、课程设计、师生关系、师生行为、知识建构性质等方面的评比，是一个连续性的、动态的、不断反馈的过程[14]。因此，质性评价主要适用于内容、思想、态度等抽象内容的评价。

9.2.3　评价内容

由于师范认证要做到全过程评价，因此本书采用CIPP模式确定评价内容，CIPP模式即背景(context)、输入(input)、过程(process)、结果(product)[15]。根据CIPP模式列举所需的全过程评价内容。背景评价，对目标本身进行的诊断性评价，评价内容包括课程目标、课程定位等。输入评价，对实现目标所需要的条件进行评价，评价内容包括课程计划、教学方法等。过程评价，对方案实施情况进行评价，是为了获取方案的实施情况与反馈信息，评价内容包括教学实施方案、教学效果、学生表现、教师反馈等。结果评价，对方案的实施结果进行评价，是为了测量和判断实施的效果，评价内容包括课程目标达成度、持续改进。因此，本书选取课程目标、课程计划、教学实施方案、教学效果、学生表现、教师反馈、目标达成度、持续改进共 8 项作为评价内容，并构建评价指标体系。

9.2.4 评价体系构建

基于师范专业认证，其课程评价体系应体现出：

(1)产出导向。在该理念下，评价指标要体现出课程设计从“输入”转向“产出”，如：课程目标的设置要体现出与毕业要求、培养计划这类最终“产出”的关联，而不是与教材关联；课程目标达成度要能体现出“产出”的可量化；课程大纲的编写要体现能力获得、素质提升这种学习产出，淡化学习的具体内容。

(2)学生中心。在该理念下，评价指标要体现出课程设计从围绕“教师”转向“学生”，如：教学的实施要体现对学生能力培养，而不是简单知识教授；教学的效果要体现出学生的进步、能力的提升，要学生来对课堂打分，而不是期末考核的教师打分；学生的表现要体现出学生的学习热情是否增加，而不能用考试分数衡量。因此，总体来说“学生中心”的评价是为了衡量学生的学习兴趣与学习态度变化。

(3)持续改进。在该理念下，评价指标要体现出课程从“结论”转向“发展”，如：教师的反馈要体现出教学的反思、教学的收获，而不是用了多少教材、自己是不是行业专家等；课程的质量分析要体现出改进的具体措施与效果，而不是单纯寻找问题。因此，在“持续改进”理念下，评价体系要更能反馈出有用的信息，不仅要对学生学习做出指导，更要对教师教学做出指导。因此对照师范专业认证要求，将“产出导向、学生中心、持续改进”三大理念融入课程评价中，可构建出课程评价指标体系，具体如表 9-1 所示。

表 9-1　师范专业认证下的课程评价指标体系

<table>
<tr><th>专业认证体现</th><th>主要评价内容</th><th>具体要求</th><th>评价方式</th><th>评价指标</th></tr>
<tr><td rowspan="3">产出导向</td><td>1 课程目标评价</td><td>课程目标是否关联培养目标与毕业要求</td><td>质性评价</td><td>与培养计划、毕业要求契合(A/B/C)</td></tr>
<tr><td>2 课程计划评价</td><td>课程大纲是否围绕课程目标展开，是否体现了学习产出</td><td>质性评价</td><td>课程大纲中体现了学习产出(A/B/C)</td></tr>
<tr><td>3 目标达成度评价</td><td>课程目标的达成情况是否可量化操作，能计算出具体完成度</td><td>量化评价</td><td>考试与作业的综合得分(0~100)</td></tr>
<tr><td rowspan="3">学生中心</td><td>4 教学实施方案评价</td><td>课程方案是否围绕课程目标展开，体现学生能力培养，需学生来打分</td><td>量化评价</td><td>学生对课程方案的满意度(0~10)</td></tr>
<tr><td>5 教学效果评价</td><td>课堂教学效果体现学生的进步、能力的提升，需学生来打分</td><td>量化评价</td><td>学生对课堂效果的满意度(0~10)</td></tr>
<tr><td>6 学生表现评价</td><td>学生学习方式的变化，学习参与度变化</td><td>量化评价</td><td>学生网站讨论问题次数，学习资料浏览量(0~10)</td></tr>
<tr><td rowspan="2">持续改进</td><td>7 教师反馈评价</td><td>教学方式的变化，是否有教学反思，是否有教学收获</td><td>质性评价</td><td>教师总结教学反思与收获(A/B/C)</td></tr>
<tr><td>8 改进评价</td><td>课程质量分析要体现出改进措施与效果，发现的问题是否得到改善</td><td>质性评价</td><td>分析报告中提出了改进措施或改进效果(A/B/C)</td></tr>
</table>

注：评价指标中 A 代表非常符合，B 代表一般符合，C 代表不清楚。

9.3 自然地理学课程评价体系的构建实践

自然地理学课程是地理科学类专业最核心的课程之一，具有很强的理论性和实践性，对专业人才的培养至关重要。因此自然地理学必须达到师范专业认证的理念要求，并要以课程评价的方式来进行论证。本书以南宁师范大学的自然地理学课程为例，用师范专业认证的思维来开展课程评价，评价课程是否达到认证要求。

9.3.1 课程分析与评价

自然地理学课程大纲中各章节的学习目标都是根据4个课程目标而制定，具体如图9-1所示。其中每个章节的学习目标都可分为价值目标、认知目标、能力目标，很好地对应了课程目标。并且章节学习目标中能力目标得到强调，因在学习产出上能力产出最多，符合“产出导向”的要求。

9.3.2 课程评价结果

根据2021级地理学科284人的自然地理学课程实施结果，统计了作业分数、考试分数、线上学习情况、学生满意度等信息，得出8个评价内容的结果（表9-2），总结如下：

课程设计部分已基本达到示范专业认证的要求，包括“1课程目标评价”“2课程计划评价”“4教学实施方案评价”，这3项内容评价结果较好，课程设计如图1所示，体现出了“学生为中心”与“产出导向”。

“3目标达成度评价”评价结果较为理想，能达到71.8分，体现出了“产出导向”，但也体现出能力目标的达成度稍低。因此今后需要改进能力方面的培养方式，使目标达成更为有效。

“5教学效果评价”在“学生为中心”表现并不理想，学生对课堂满意度评价只有7分，主要反馈的问题是内容太多、太难。因此可以看出任课教师依然看中知识，而没有考虑学生的接受度。而“6学生表现评价”在“学生为中心”表现也不理想，综合得分只有5分。从学生网站讨论问题次数与学习资料浏览量也可看出该问题，过分追求知识的完整性会导致学生学习兴趣衰减，线上线下课

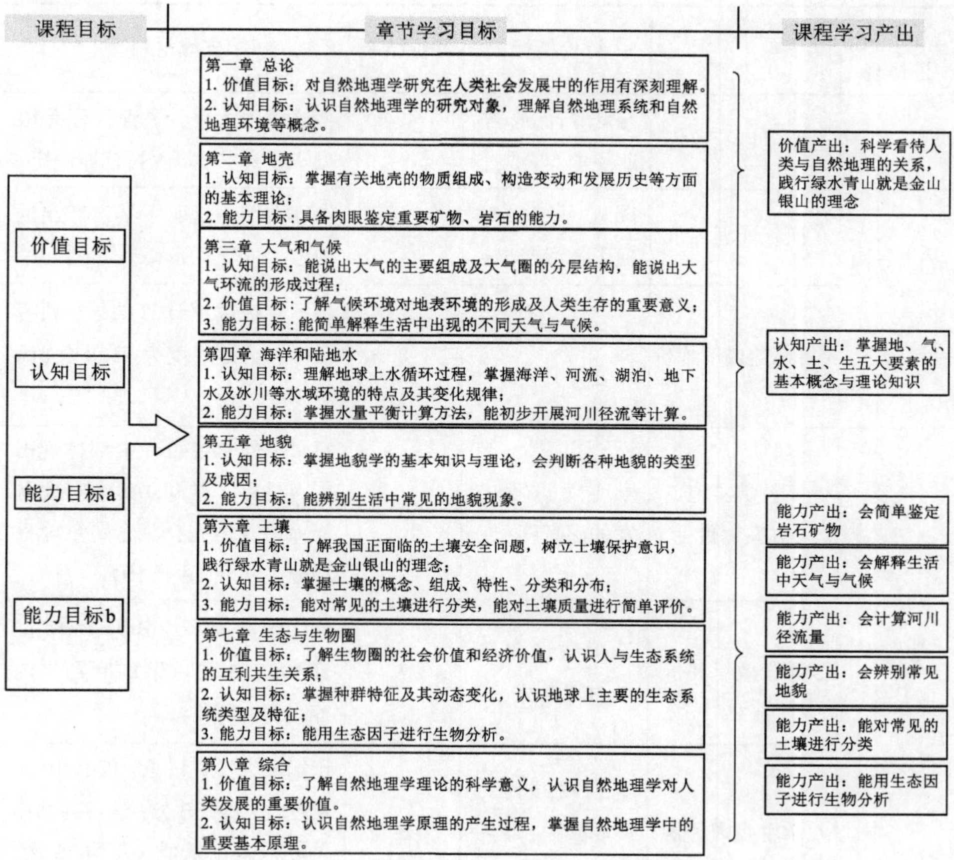

图 9–1　“自然地理学”课程大纲与关联图谱

堂都容易“冷场”。因此课程实施中的“学生为中心”是接下来教学改革的重点。

课程团队在师范专业认证方案出台后积极改进课程，团队教师近一年多次共同探讨了教学反思与改进措施，但是改进时间较短，因此效果还不明显，“8 改进评价”表现中等。

表 9-2 “自然地理学”课程评价体系与结果

专业认证体现	主要评价内容	评价指标	评价结果	支撑材料
产出导向	1 课程目标评价	与培养计划、毕业要求契合	A	参照课程大纲，课程目标是根据毕业要求、培养目标而制定
	2 课程计划评价	课程大纲中体现了学习产出	A	课程大纲中指明了学习产出的内容，如图 1 所示
	3 目标达成度评价	考试与作业的综合得分	71.8 分	根据年级成绩计算结果，课程目标综合达成度为 71.8 分(满分 100)
学生为中心	4 教学实施方案评价	学生对课程方案的满意度	9	每章节的学习目标中都体现出能力目标，实施方案中有大量能力培养措施，学生满意度平均分为 9 分(满分 10)
	5 教学效果评价	学生对课堂效果的满意度	7	学生满意度平均分为 7 分(满分 10)，主要反馈的问题是内容太多、太难
	6 学生表现评价	学生网站讨论问题次数，学习资料浏览量	5	论坛缺少发言讨论，仅有 10 人发过言，得分 3 分；学习网站相关资料浏览量低，人均 36 次，得分 7 分。两项加权得分 5 分
持续改进	7 教师反馈评价	教师有总结教学反思与收获	A	任课教师根据学生反馈已经调整了讲课方法，调整了试题类型，减少背诵型考题，并编写了教学反思与改进措施
	8 改进评价	分析报告中提出了改进措施或改进效果	B	由于师范专业认证最近两年才展开，基于认证思维的改进措施刚开始实施了一年，效果还不明显

注：评价指标中 A 代表非常符合，B 代表一般符合，C 代表不清楚。

综合以上表现来看，自然地理学课程表现出良好的“产出导向”与“持续改进”，但在“学生为中心”方面还存在不足，需要在提升学生参与度上继续加强改进。

9.4　小结

用师范专业认证的理念对课程评价体系进行重新构建，根据“学生为中心、产出导向、持续改进”三大理念将课程评价体系分为三部分，并依据认证理念重新设置了八个评价内容与相应的评价指标。通过自然地理学课程实例证实，该评价体系能很好地评判出师范专业认证理念的达成效果。

参考文献

[1] 教育部教师工作司，教育部高等教育教学评估中心. 教育部关于印发《普通高等学校师范类专业认证实施办法(暂行)》的通知[EB/OL]. [2017-10-26]. http://www.moe.gov.cn/srcsite/A10/s7011/ 201711/t20171106_318535.html.

[2] 田腾飞，任一明. 高校师范专业认证的总体设计及实践探索[J]. 重庆师范大学学报(社会科学版)，2018(3)：69-74.

[3] 胡万山. 师范类专业认证背景下教师教育改革的意义与路径[J]. 黑龙江高教研究，2018，36(7)：25-28.

[4] 李森，刘梅珍，崔友兴. 专业认证背景下高校师范类专业建设理路[J]. 重庆高教研究，2019，7(6)：12-24.

[5] 张怡红，刘国艳. 专业认证视阈下的高校师范专业建设[J]. 高教探索，2018(8)：25-29.

[6] 周晓静，何菁菁. 我国师范类专业认证：从理念到实践[J]. 江苏高教，2020(2)：72-77.

[7] 梅雪，曹如军. 高校师范专业认证省思[J]. 高教探索，2019(12)：36-41.

[8] 于忠海，李莹洁. 学术性与师范性之争的综合性大学师范教育归宿：实践性——基于师范类专业认证理念的视角[J]. 黑龙江高教研究，2021，39(2)：82-86.

[9] 易森林，袁桂林. 试论课程评价多元化趋势[J]. 外国教育研究，2001(1)：24-27.

[10] 田腾飞，刘任露. OBE 认证理念下师范类专业的课程建设[J]. 华南师范大学学报(社会科学版)，2022(1)：41-52，205.

[11] 张杨. 论课程评价中的量化评价与质性评价[J]. 宁波大学学报(教育科学版)，2004(3)：37-39.

[12] 南纪稳. 量化教学评价与质性教学评价的比较分析[J]. 当代教师教育，2013，6(1)：89-92.

[13] 钟启泉. 课程评价：从量化评价到质性评价——与日本课程学者浅沼茂教授的对话[J]. 全球教育展望，2002(3)：3-6.

[14] 杨晓萍，柴赛飞. 质性评定方法对我国基础教育课程评价的启示[J]. 课程·教材·教法，2004(4)：87-90.

[15] 肖远军. CIPP 教育评价模式探析[J]. 教育科学，2003(3)：42-45.

第 10 章

课程思政融入地理学专业基础课程的建设探索

10.1 地理学课程思政元素的挖掘

课程思政是以立德树人为教育目的，体现了立足中国大地办大学的新的课程观。课程思政旨在充分挖掘各类课程中的思想政治教育元素，发挥所有教师、课程和教育的育人功能，形成全员、全方位、全过程育人的教学体系[1]。《高等学校课程思政建设指导纲要》指出，全面推进课程思政建设是落实立德树人根本任务的战略举措。落实立德树人根本任务，必须将价值塑造、知识传授和能力培养三者融为一体、不可割裂。全面推进课程思政建设，就是要寓价值观引导于知识传授和能力培养之中，帮助学生塑造正确的世界观、人生观、价值观。这一论述明确了课程思政的重要意义、实施路径与课程目标。不同学科、不同课程的课程思政建设虽内容、路径不一，但均具有丰富的课程思政元素。如何挖掘课程思政元素，并将其有机融入课程、课堂及育人全过程，各学科及各课程均有丰富探索，但仍有待完善与提升。

地理学是研究地理要素或者地理综合体空间分布规律、时间演变过程和区域特征的一门学科，是自然科学与人文科学的交叉，具有综合性、交叉性和区域性的特点，是人类知识宝库的重要组成部分，旨在“探索自然规律，昭示人文精华”[2]。地理学的学科体系、研究对象、研究内容从名称到内涵均直接或间接地显示出丰富的课程思政元素，如中国在自然科学基金方面的地理学研究，密切关注城市化、气候变化、环境变化、温室气体、生态系统、人地关系、土地利用等；同时注重加强研究方法和手段的综合研究，包括遥感、地理信息系统、空间分析、数字模拟等技术。这些内容均与人类的生产与发展息息相关，从而可以挖掘出丰富多彩的课程思政元素[3, 4]（图 10-1）。此外，地理学的发展呈现了从知识到科学再到决策的过程[5]，地理学服务于国家战略与社会经济的发展，更加直接展现出地理学中的课程思政元素。比如当前我国正全力建设美丽中国，地理学作为服务国家经济社会发展的交叉应用学科，其综合性和区域性特点决定了地理学家肩负着建设美丽中国、筑造美好家园的历史使命，责无旁贷地率先成为美丽中国建设的先行者和实践者，地理学倡导的人地系统耦合论是美丽中国建设的理论基石，地理学的学科交叉与综合集成是美丽中国建设与调控人地关系的实践手段，地理学的复杂系统模拟和优化方法为美丽中国建设的人地系统耦合路径选择提供了科学工具，综合地理区划是因地制宜地建设美丽中国的分区基础[6]。当前，系统挖掘地理学的课程思政元素报道尚不系统，本节将从地理学核心专业课程出发，充分挖掘各专业课程中的课程思政元素。

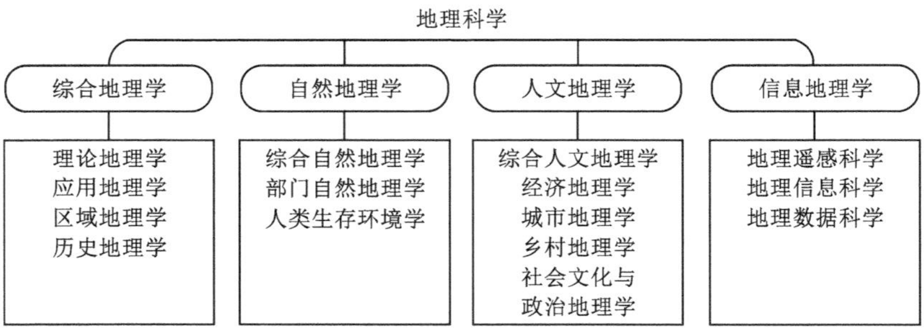

图 10-1　地理科学的学科体系[3]

对地理学课程思政及课程思政相关文献梳理，结合对地理学课程的综合考虑，可以归纳概括出地理学课程的八大课程思政的价值塑造：①家国情怀，②辩证唯物观，③责任担当，④人文素养，⑤科学精神，⑥人类文明，⑦人地和谐观，⑧可持续发展观。八大价值塑造在地理科学学科体系中均分布有广泛的课程思政元素（表 10-1）。

10.1.1　地理学与家国情怀

地理学四大课程板块(自然地理学、人文地理学、信息地理学、综合地理学)的主要课程中，均蕴含丰富的国家、区域或地方自然、人文、文化与发展方面的内容。这些课程知识综合起来，全面论证了为何“一方水土养一方人”。这些主要课程结合乡土地理的学习，有利于学生全面了解祖国和家乡风土人情、来龙去脉，激发学生家国情怀。

10.1.2　地理学与辩证唯物观

自然地理学课程论述地质、地貌、气象与气候、水文、土壤、植物等自然地理要素的形成、特征、时空演变、相互关系及其与地表环境的相互作用等内容；综合自然地理学课程中地球表层系统及其能量和物质运动、地球表层系统中的人类活动、地球表层系统的时间变化过程、地球表层系统的空间格局规律、综合自然区划、土地与土地单位、土地分类与土地结构、土地评价、土地变化、综合自然地理学应用与区域实践等内容；世界地理中全球人类活动的历史轨迹与当代挑战、世界文化地域格局、世界人口与城市化的地域格局等方面内容均需用辩证唯物主义观点来理解人类生存的自然与人文环境的客观性、对立与统一性，从而培养学生的辩证唯物观。

10.1.3　地理学与责任担当

当今世界面临的一系列重大挑战和难题。这些挑战如全球化、气候变化、极端事件、环境难民、食物安全、能源保障、水资源供需、全球流行病、生态文明建设、国土空间管理、自然和文化遗产等，这些紧迫问题都是地理学的重要研究领域[7]。地理学课程内容分别从人类面临的挑战的背景、发生过程、未来趋势及调控措施等方面给予学生解析、论述与实践，不仅利于解决系列挑战，更重要的是利于培养学生的责任与担当，塑造学生人类或地球主人翁的意识。

10.1.4　地理学与人文素养

自然地理要素与人文地理要素共同塑造的景观多样性、景观异质性、生物多样性以及丰富多彩的城市景观、农业景观等，能极大地满足人类的审美价值。自然地理要素与人文地理要素的历史演化产物，也可给人类带来“沧海桑田”的思考。这些美学的、历史的、不断变化的自然地理要素、人文地理要素及其相互重要的产物，利于塑造人类的审美、历史、文明等方面的人文素养。

10.1.5 地理学与科学精神

地理学的发展一方面是科学技术发展的成果，如信息地理学中的地理信息软件、遥感、卫星等促进了地理学观察方法、研究尺度等方面的进展；另一方面，也是地理学者不畏艰难，努力奋斗的结果。如第一次青藏高原科考，考察队员历经艰难困苦，足迹遍及西藏自治区全境，获得了大量第一手科学资料，论述了高原隆起是近百万年来地球历史上最重要的地质事件之一；划分了 7 个地层区和 5 条缝合带；揭示了高原生物区系组成、起源和演化的过程及规律；查明了高原境内自然因素的分布规律；划分了青藏高原的自然地带，明确了各地带的资源环境利用、保护方向与措施；解析了高原气候变化对东亚大气环流的影响。

10.1.6 地理学与人类文明

当前，世界处于百年未有之大变局，但人类共同生活在地球村。我国提出人类命运共同体(国际权力观、共同利益观、可持续发展观、全球治理观)、三大全球倡议(全球发展倡议、全球文明倡议和全球安全倡议)和“一带一路”倡仪，以期与全世界一道，共同参与全球治理。在此背景下，世界地理的主要内容(全球地表形态及其演化、全球陆地气候与自然带的基本格局、全球海洋气候与自然带的基本格局、全球人类活动的历史轨迹与当代挑战、世界文化地域格局、世界人口与城市化的地域格局、世界经济发展的地域格局、亚洲、欧洲、非洲、美洲、大洋洲、南极洲、中国与世界)一方面具有了丰富的课程思政内容，另一方面更利于地理学子掌握扎实基础知识，更好支撑我国参与全球地理。

10.1.7 地理学与人地和谐观

地理学的研究对象为人地关系，主要研究内容是解析人地系统的组成、耦合与发展趋势。人地和谐是地理学研究的目标。地理学四大课程板块中，均包括了大量论述人地和谐的基础理论、实现路径与评价方式。我国已提出建设中国式现代化，其特征之一便是人与自然和谐共生的现代化。因此，地理学在塑造人地和谐观方面具有内容丰富、联系紧密的自然优势。

10.1.8　地理学与可持续发展观

2015 年 9 月 25 日，联合国可持续发展峰会在纽约总部召开，联合国 193 个成员国在峰会上正式通过 17 个可持续发展目标。可持续发展目标旨在从 2015 年到 2030 年间以综合方式彻底解决社会、经济和环境三个维度的发展问题，转向可持续发展道路。可持续发展目标具体包括消除贫困、消除饥饿、健康福祉、优质教育、性别平等、清洁饮水、清洁能源、体面工作、工业创新、社会平等、永续社区、永续供求、气候行动、海洋环境、陆地生态、机构正义、全球伙伴，而这些目标直接或间接为地理学的研究内容；同时课程板块中的可持续发展导论内容，也完全可为可持续发展目标的实现提供理论支撑。

表 10-1　地理学主要专业基础课程思政元素挖掘

课程板块	主要课程	课程内容	思政元素	典型案例	价值塑造
自然地理学	自然地理学	自然地理学概论与发展、地球、地壳、大气圈与气候系统、海洋和陆地水、地貌、土壤圈、生物群落与生态系统、自然地理综合研究	（1）~（20）	青藏高原综合考察；山水林田湖草沙一体化；全球变化等	①②③⑤⑦
	部门自然地理学	部门自然地理学概论与发展、地质、地貌、气象与气候、水文、土壤、植物等自然地理要素的形成、特征、时空演变、相互关系及其与地表环境的相互作用		地质灾害；土壤退化；第三次全国土壤普查等	①②③⑤
	综合自然地理学	综合自然地理学概论与发展、地理学与综合自然地理学、地球表层系统及其能量和物质运动、地球表层系统中的人类活动、地球表层系统的时间变化过程、地球表层系统的空间格局规律、综合自然区划、土地与土地单位、土地分类与土地结构、土地评价、土地变化、综合自然地理学应用与区域实践、未来的综合自然地理学		农业区划；美丽中国建设；石漠化的形成、演变与治理	①②③④⑤⑥⑦⑧

续表 10-1

课程板块	主要课程	课程内容	思政元素	典型案例	价值塑造
人文地理学	人文地理学	人文地理学概论与发展、人文地理学的研究主题与基本理论、人文地理学的研究方法、人口与人种和民族、农业的起源和发展、工业的出现与工业区位、聚落与城市化、语言类型与语言景观、宗教地理与宗教景观、旅游地理、政治与全球政治地理格局、人类行为与行为空间、人文地理学所面临的问题	(21)~(40)	"一带一路";百年未有之大变局;胡焕庸线	①②③④⑤⑥⑦⑧
	经济地理学	经济地理学概论与发展、经济活动区位及影响因素分析、农业与工业区位、商业和服务业区位、多部门企业区位、跨国公司区位、区域经济发展、区域空间结构、区域之间的空间组织、经济全球化、经济地理学研究方法、经济地理学理论新进展		我国经济带分区;全球化与逆全球化;华为公司的发展	①②③④⑤⑥⑦⑧
	城市地理学	城市地理学概论与发展、城乡划分和城市地域、城市的产生与发展、城市化原理、城市化的历史进程、城市职能分类、城市规模分布、城市空间分布体系、区域城镇体系规划、城市土地利用与地域结构模式、城市产业空间、城市商业空间、城市社会空间与城市感应空间、城市增长管理、城市问题及可持续发展		上海魔都;5D 重庆;城市病	①②③④⑤⑥⑦⑧

续表 10-1

课程板块	主要课程	课程内容	思政元素	典型案例	价值塑造
信息地理学	地理信息系统	地理信息系统概论与发展、GIS 硬件与软件、空间数据—坐标参照系、空间数据—模型与结构、空间数据—获取与编辑、空间数据—转换与变换、空间数据—插值与估算、空间数据—存储与管理、空间数据—查询与量算、空间分析—地形分析、空间分析—叠置分析、空间分析—邻近分析、空间分析—路径分析、空间分析—统计分析、空间分析—应用模型、GIS 制图输出	(41)~(60)	智慧城市；地理信息软件国产化；大数据	①②③④⑤⑥⑦⑧
	遥感概论	遥感概论与发展、遥感电磁辐射基础、传感器、航空遥感、航天遥感、微波遥感与激光雷达遥感、遥感图像校正与增强、遥感图像解译、遥感技术应用		中国航天与遥感；北斗；无人机	①②③④⑤⑥⑦⑧
	地图学	地图概论与发展、地球体与地图投影、地图数据源、地图概括、地图符号设计、地理信息的符号模型、普通地图、专题地图制图、数字地图制图、地图分析、地图的复制与编制管理		数字地球；孪生世界；地图的保密性与国家安全	①②③④⑤⑥⑦⑧
综合地理学	世界地理	全球地表形态及其演化、全球陆地气候与自然带的基本格局、全球海洋气候与自然带的基本格局、全球人类活动的历史轨迹与当代挑战、世界文化地域格局、世界人口与城市化的地域格局、世界经济发展的地域格局、亚洲、欧洲、非洲、美洲、大洋洲、南极洲、中国与世界	(61)~(80)	“一带一路”；全球变化；俄乌冲突	①②③④⑤⑥⑦⑧
	中国地理	中国地理概况、自然结构、海洋地理、环境与灾害、人口与城市、产业与经济、文化与社会空间、区域分异与区划、东部地区、中部地区、西部地区、东北地区		西部开发；东北振兴；乡村振兴	①②③④⑤⑥⑦⑧

续表 10-1

课程板块	主要课程	课程内容	思政元素	典型案例	价值塑造
综合地理学	区域分析与规划	区域分析与规划概论、区域发展的资源环境条件分析、区域发展的经济社会背景分析、区域发展的技术支持分析、区域发展综合评价、区域规划及其发展、区域规划的理论基础、区域发展战略、土地利用与保护、区域产业规划布局、区域基础设施规划、区域城镇体系规划、区域生态环境规划、区域防灾减灾规划、区域管理与区域政策	(61)~(80)	国土空间规划；京津冀城市群；粤港澳大湾区	①②③④⑤⑥⑦⑧
	可持续发展导论	可持续发展的形成与发展、可持续发展的基本原理、我国的可持续发展、经济与可持续发展、循环经济与可持续发展、绿色 GDP 与绿色消费、环境经济手段、人口、城市化与可持续发展、科技文化教育与可持续发展、减灾扶贫与可持续发展、生态文明建设与可持续发展、自然资源与可持续发展、环境保护与可持续发展、生物多样性与可持续发展、可持续发展系统的构建与应用、可持续发展的测度方法、可持续发展的评估体系与方法、可持续发展评估模型及应用		2030 全球可持续发展目标；人类命运共同体；乡村振兴；中国式现代化	①②③④⑤⑥⑦⑧

注：自然地理课程思政元素：(1)自然地理要素的形成与演变；(2)人文地理要素的形成与演变；(3)自然要素与人文要素的关系；(4)地理环境的整体性与系统性；(5)景观多样性；(6)景观异质性；(7)生物多样性；(8)人地关系；(9)生态系统服务；(10)生态环境问题；(11)生态环境修复；(12)综合自然区划；(13)美丽中国；(14)国土安全；(15)生态安全；(16)粮食安全；(17)土地利用变化/覆被变化；(18)地球表层系统及其能量和物质运动；(19)自然灾害；(20)气候变化。

人文地理课程思政元素：(21)中国人；(22)中国文化；(22)旅游中国；(23)中国城市；(24)(25)中国工业；(26)中国农业；(27)中国民居；(28)中国公司；(29)中国宗教；(30)服务业；(31)中国与世界；(32)城市化；(33)城市病；(34)绿色城市；(35)低碳城市；(36)可持续发展城市；(37)全球化与全球变化；(38)人口迁移；(39)人口分布；(40)生产转移

信息地理学课程思政元素：(41)地理数据的生产；(42)地理数据的表达；(43)地理数据的表达；

(44)地理数据的展示；(45)地理数据的应用；(46)地理大数据；(47)数字地球；(48)孪生世界；(49)人工智能与地理；(50)风云卫星；(51)北斗；(52)无人机；(53)低空经济；(54)(55)(56)空天地一体化监测；(57)城市遥感；(58)农业遥感；(59)生态遥感；(60)地图安全。

综合地理学课程思政元素：(61)世界地理格局；(62)全球资源与分布；(63)世界人口分布；(64)全球经济与全球化；(65)全球粮食生产；(66)全球国家分布；(67)国界线的背后因素；(68)边境安全；(69)地缘政治；(70)全球贸易；(71)全球治理；(72)中国与世界；(73)区域可持续发展；(74)长江经济带；(75)黄河高质量发展；(76)粤港澳大湾区；(77)城市群；(78)京津冀城市群；(79)2030 可持续发展目标；(80)可持续发展路径。

价值塑造：①家国情怀；②辩证唯物观；③责任担当；④人文素养；⑤科学精神；⑥人类文明；⑦人地和谐观；⑧可持续发展观。

10.2 地理学课程思政的建设路径

破解课程思政“硬融入”和“表面化”难题，要以学生精准“增值”为指向，围绕课程建设和课堂教学精准推动课程思政建设。从操作层面而言，就是要“增强针对性、提升有效性”，“强化问题意识、突出实践导向”[8]。

10.2.1 课程思政入人才培养方案

人才培养方案是各专业人才培养的基本遵循，是专业课程及其功能的整体设计。目前，各专业人才培养方案中均要求设置毕业要求指标分解及主要支撑课程矩阵，同时，毕业要求中具有价值塑造方面的要求，但在诸多价值塑造方面，支撑课程主要为传统思政课程，而未充分发挥专业课程的思政作用(表 10-2)。如毕业要求 1. 端正三观、毕业要求 8. 勇于担当和毕业要求 9. 目标长远中，支撑课程均为传统思政课程“思想道德与法治”“马克思主义基本原理”“毛泽东思想和中国特色社会主义理论体系概论”“习近平新时代中国特色社会主义思想概论”“形势与政策”“思想政治理论实践课”“思想道德与法治”“习近平总书记教育重要论述”“中国近现代史纲要”“民族教育专题”“安全教育课”“劳动教育专题”课程实习等。因此，一方面，应从专业人才培养的顶层设计方面，充分挖掘课程的思政元素，发挥专业课程的思政功能，支撑人才培养目标；另一方面，从顶层设计角度，引领教师、学生在专业课程中融入课程思政内容。

表 10-2 自然地理学专业毕业要求指标分解及主要支撑课程矩阵

<table>
<tr><th>毕业要求</th><th>毕业要求二级指标</th><th>主要支撑课程/教学环节</th></tr>
<tr><td rowspan="3">1. 端正三观</td><td>1.1 具有正确的人生观、价值观和道德观。坚定中国特色社会主义道路自信、理论自信、制度自信和文化自信。坚信中华民族伟大复兴的光明前景</td><td>“思想道德与法治”“马克思主义基本原理”“毛泽东思想和中国特色社会主义理论体系概论”“习近平新时代中国特色社会主义思想概论”“形势与政策”“思想政治理论实践课”等</td></tr>
<tr><td>1.2 遵纪守法，爱岗敬业，诚信友善，具有良好的人文情怀、社会科学素养和高度的社会责任感</td><td>“思想道德与法治”“习近平总书记教育重要论述”“中国近现代史纲要”“民族教育专题”等</td></tr>
<tr><td>1.3 能够在资源环境开发利用与管理过程中理解和遵守职业道德规范，履行相应的责任</td><td>“安全教育课”“劳动教育专题”课程实习等</td></tr>
<tr><td rowspan="2">2. 系统知识</td><td>2.1 系统掌握自然地理学基础知识、基础理论和专业思想，了解人文地理学的基本理论和基础知识，能运用 GIS 和遥感技术来解决自然地理方面的问题</td><td rowspan="2">“自然地理学”“人文地理学”“地图学”“地理信息系统原理”“地球概论”“地质学基础”“地貌学与第四纪地质学”“气象与气候学”“水文与水资源学”“土壤地理学”“植物地理学”“自然资源学概论”“环境科学概论”“基础生态学”“自然灾害学”“海洋地理”“土地资源学”“遥感概论”等</td></tr>
<tr><td>2.2 具备广阔的地理学视野，理解地理学内部不同部门地理学之间，以及地理学科与其他自然科学之间的相互联系，了解自然地理学应用前景和发展动态</td></tr>
</table>

续表 10-2

毕业要求	毕业要求二级指标	主要支撑课程/教学环节
3. 科学思维	3. 1 养成地球系统科学复杂思维、非线性思维和系统思维，能从空间—区域—演化的视角观察、分析地理问题，养成勤于思考和创新意识的习惯	“地理科学类专业导论”“地质学基础”“地貌学与第四纪地质学”“气象与气候学”“水文与水资源学”“土壤地理学”“资源环境经济学”“恢复生态学”“碳资产开发与管理”“土地整理与复垦”“区域分析方法”“土地管理学”“自然地理学研究方法”等
	3. 2 熟悉自然地理学科研工作的方法和技能，了解课题申请、项目开展和结题的一般事项，具备初步开展科学研究的能力	“碳资产开发与管理”“区域分析方法”“土地管理学”“自然地理学研究方法”“自然地理科学前沿(讲座)”“文献检索与论文写作”课程实习、毕业论文等
4. 融会贯通	4. 1 能够将化学、物理学、数学和生物学相关的基础理论和专业知识运用于自然地理与资源环境问题的研究	“植物地理学”“基础生态学”“线性代数与概率统计”“计量地理学”“无人机摄影遥感”“遥感技术专题应用”
	4. 2 拥有地球科学系统思维和自然地理问题综合分析的能力，能够较全面地观察地理现象和地理环境，分析地理要素之间的相互作用关系，以解决资源和环境方面的科学问题	“自然地理学”“人文地理学”“地图学”“地理信息系统原理”“地球概论”“地质学基础”“地貌学与第四纪地质学”“气象与气候学”“水文与水资源学”“土壤地理学”“植物地理学”“自然资源学概论”“环境科学概论”“基础生态学”“自然灾害学”“海洋地理”“土地资源学”“遥感概论”等
5. 写作表达	熟悉科技论文写作的方法和技巧，能够就自然地理与资源环境研究与应用中的问题和业界同行进行沟通和交流	“自然地理科学前沿(讲座)”“文献检索与论文写作”课程实习、毕业论文等

续表 10-2

毕业要求	毕业要求二级指标	主要支撑课程/教学环节
6. 全面思考	6.1 能够针对自然地理与资源环境应用的特定需求，选择适用的技术方法和技术路径，以及运用新技术的初步能力	“资源环境经济学”“恢复生态学”“碳资产开发与管理”“土地整理与复垦”“区域分析方法”“土地管理学”“自然地理学研究方法”“无人机摄影遥感”“遥感技术专题应用”等
	6.2 在资源环境的保护、管理和开发的过程中，能全面考虑区域差异性，因地制宜，综合考虑人口、地理、环境、文化、经济及法律因素的影响	“人文地理学”“测量学”“资源环境经济学”“恢复生态学”“碳资产开发与管理”“土地整理与复垦”“区域分析方法”“资源环境法学”“土地管理学”“广西地理”等
7. 技术过硬	7.1 熟悉地理学的研究方法和应用技术，掌握卫星遥感、无人机遥感、卫星定位、地理信息系统等现代地理信息技术	“自然地理学研究方法”“自然地理科学前沿(讲座)”“地理信息系统原理”“地理信息系统(GIS)实验”“遥感概论”“无人机摄影遥感”“遥感技术专题应用”等
	7.2 熟悉自然地理学所需的数理统计知识、数理统计软件，以及专业相关的软件工具	“计量地理学”“线性代数与概率统计”“地理信息系统(GIS)实验”“地理信息系统原理”“无人机摄影遥感”“遥感技术专题应用”等
8. 勇于担当	8.1 具备良好的沟通合作态度，具备团队协作和勇于担当的责任感	“思想道德与法治”“大学生创新创业基础”“大学生创业就业指导”，军事训练、生产劳动、社会实践、毕业实习等
	8.2 能够在从事自然地理与资源环境研究、开发和管理的团队中承担个体、团队成员以及负责人的角色	

续表 10-2

毕业要求	毕业要求二级指标	主要支撑课程/教学环节
9. 目标长远	9.1 能对自我进行理性分析和规划，明确职业生涯规划，具有清晰的目标和发展方向	创新创业与职业规划、生命关怀与成长教育等
	9.2 养成终身学习的意识和习惯，具备应付外部世界变化和持续发展的能力	“习近平新时代中国特色社会主义思想概论”“形势与政策”“教育学”，安全教育课、大学生心理健康教育、大学美育、健康教育和家庭教育专题等
10. 视野广阔	10.1 了解地理科学核心素养的内涵，理解人类活动与地理环境之间的相互作用，了解全球变化和发展趋势	“自然地理学”“人文地理学”“全球变化”“自然资源学概论”“环境科学概论”“基础生态学”“地质学基础”“地貌学与第四纪地质学”“气象与气候学”“水文与水资源学”“土壤地理学”“植物地理学”“资源环境经济学”“恢复生态学”“碳资产开发与管理”“土地整理与复垦”，课程实习等
	10.2 能够将全球变化与生态文明、可持续发展理念融入科研或工作中	

10.2.2　课程思政融入课程体系

专业课程体系是专业课程设置的顶层设计环节，其中相对设计了各课程的育人和专业培养功能。从表 10-3 可以看出，传统的课程体系与毕业要求中，也忽略了专业课程对价值塑造(表中的思想道德方面)的支撑；或不要求专业课程中加入课程思政内容，弱化了专业课程对价值塑造的作用。因此，在课程体系设置设计专业课程融入课程思政，实现价值塑造、知识传授和能力培养三维一体，强化专业课程的价值塑造功能。

表 10-3　自然地理学课程体系与毕业要求的关联度矩阵

课程类别	课程名称	思想道德	专业能力				实践水平			终身学习	
		1	2	3	4	5	6	7	8	9	10
公共必修课程	思想道德与法治	H*					L			M	
	中国近现代史纲要	H					L			L	
	马克思主义基本原理	H					L			M	
	毛泽东思想和中国特色社会主义理论体系概论	H*					M			L	
	习近平新时代中国特色社会主义理论概论	H							M		L
	创新创业基础						L			M	
	大学生职业生涯规划					L			H	M	
	大学生就业指导										
	大学英语 A	L	H		L						
	大学体育	L								L	M
	军事理论	L							M		
	大学美育	L									M
	高等数学 C	L	H		L						
	劳动教育专题	M						M			
	铸牢中华民族共同体专题	M									
	健康教育专题			M					M		
	家庭教育专题	M								M	

续表 10-3

课程类别	课程名称	思想道德	专业能力				实践水平			终身学习	
		1	2	3	4	5	6	7	8	9	10
实践类课程	地质地貌联合实习			M	H		M	L	H*		
	水文气象联合实习			M	H		M	L	H*		
	土壤植物联合实习			M	H		M	L	H*		
	自然地理野外基地实训		H	M	H				H		
	地球概论实习			M	H			L	H		
	水土保持学实习			M	H			L	H		
	毕业实习	L					H	H	H*		
	毕业论文(设计)	L	M	M	M	H	H	H	H*	M	
学科基础课程	地理科学类专业导论	L	H	L	L		L			H*	
	自然地理学概论	L	H*	H	L		M			L	
	人文地理学概论	L	H*	H	L		M			L	
	地图学	L	H	H	L			M			L
	地理信息系统	L	H	H	L			M			L
专业主干课程	地质学基础	L	H	H	H*	L	H	L	L	M	L
	地貌学与第四纪地质学	L	H	H	H*	L	H	L	L	M	L
	气象与气候学	L	H	H	M*	L	H	L	L		L
	水文与水资源学	L	H	H	H*	L	H	L	L	M	L
	土壤地理学	L	H	H	H*	L	H	L	L	M	L
	植物地理学	L	H	H	H*	L	H	L	L	M	L
	自然资源学概论	L	H	H	H	L				M	H
	环境科学概论	L	H	H	H	L				M	H
	基础生态学	L	H	H	H	L				M	H
	全球变化		M	H	H		M	M			H*

续表 10-3

课程类别	课程名称	思想道德	专业能力				实践水平			终身学习	
		1	2	3	4	5	6	7	8	9	10
专业方向课程	地球概论	L	H	H	M	L	H	L	L		
	自然灾害学	L	H	H	M	L	L		M	M	M
	海洋地理		H	M		L	M				L
	环境地质学		H	M		L	M				L
	环境土壤学		H	M		L	M				L
	资源环境经济学		L	L	L		L				
	资源环境法学		L	L	L		L				
	恢复生态学		M	M	L		L				
	水土保持学		M	M	L		L				
	水生态保护与修复		M	M	L		L				
	碳资产开发与管理		L	L	L		L				
	土地资源学		M	L	L		L				
	土地整理与复垦		L	M	L		L				
	土地管理学		L		M		H*	L	M		
	区域分析方法	L	M	L	L		L		M		H*
	地理信息系统（GIS）实验	L	M	H*	L		H	H*	M		
	测量学	L	M	M	L		L		M		
	计算机辅助设计			M			L	H			
	遥感概论	L	M	H*	L		H	H*	M		
	无人机摄影遥感			M			L	H*			
	遥感技术专题应用			M			L	H*			

续表 10-3

课程类别	课程名称	思想道德	专业能力				实践水平			终身学习	
		1	2	3	4	5	6	7	8	9	10
专业拓展课程	自然地理学研究方法	L	L	H	L		H*				
	计量地理学	L	M	L	L		L				
	线性代数与概率统计	L	M	L	L		L	H*			
	文献检索与论文写作	L	L	L	L	H*	L				
	广西地理				L		M				
	自然地理科学前沿(讲座)	L	L	L	L		H*				

注：根据课程对毕业要求的支撑强度分别用“H(高)、M(中)、L(弱)”表示课程对该毕业要求的贡献度。

10.2.3　课程思政入课程教案

课程思政入人才培养方案和课程体系属于将课程思政融入专业培养的顶层设计环节，而课程思政的实施需要以课程为载体。课程思政融入课程的首要工作便是将课程思政融入课程教案。因为课程教案是课程建设的主要基础，也是课程建设循证完善的立足点，更是科学实施教学的重要依据。精准的教学案设计应设立科学的教学目标体系，注重思政教育目标的层次性、聚焦性和延展性，即进行思政元素的“融入机理”、重点和次重点以及层次深度分析，提出思政的“落脚点”，并形成对应的“观察点”[8]。具体指：一是深入挖掘课程思政元素；二是明确课程思政融入课程内容与所占课时；三是明确课程思政内容或案例；四是预估课程思政融入效果。

10.2.4　课程思政入课堂教学

课堂教学是课程思政的直接实施环节。课堂教学应充分发挥各类教学手段，保证课程思政内容的实施及思政效果的实现。具体过程包括课程的导入、案例的解析、课程思政的呈现；具体方式可包括情境启发式(案例解析)、叙事启发式(理论讲授)、翻转课程式(学生自主探究)、探究式、学生汇报式等多种教学方法，将思政元素融入课堂教学内容并自然呈现出来。

10.2.5 课程思政入效果评价

设置教学反思环节与效果评价环节，明确课程思政实施效果。教师可通过现场互动、学生反应、问卷调查、考查及考核等方式，检验课堂、课程思政实施效果。同时，教师应及时开展教学反思，实施效果是否达到了课程思政的设计，是否达到了支撑课程目标与培养目标的要求，是否实现价值塑造、知识传授和能力培养三维一体。

10.3 地理学课程思政案例——以土壤地理学为例

10.3.1 土壤地理学课程思政元素挖掘

土壤地理学在知识传授层面主要包括土壤的概念、性质、形成环境与过程、分类、空间分布、利用与保护等方面；在能力培养方面，可有效培养地理学科的四大核心素养(区域认知、人地关系、综合能力、地理实践力)。土壤是陆地生态系统的基础，支撑着人类的生产与社会的发展，并在漫长的自然与人类社会历史中，衍生出丰富的科学趣事、历史典故、社会功能，课程思政元素丰富，可支撑前文所提出的家国情怀、辩证唯物观、责任担当、人文素养、科学精神、人类文明、人地和谐观、可持续发展观等八大价值塑造(表10-4)。因此，土壤地理学可以较好实现价值塑造、知识传授和能力培养三维一体。

表10-4 土壤地理学课程思政体系构建

章节	内容	课程思政元素	典型案例	价值塑造
第一章	1.1 土壤的基本概念 1.2 土壤圈与全球变化 1.3 土壤圈演化与人类社会的发展 1.4 土壤地理学简介 1.5 土壤地理学的发展简史	土壤认知的历史演变；土壤与人类社会；土壤与全球变化；国际土壤研究进展	北京中山公园社稷坛五色土；我国土壤科学家对土壤概念的贡献	家国情怀；辩证唯物观；责任担当；人文素养；科学精神；人类文明；人地和谐观；可持续发展观

续表 10-4

章节	内容	课程思政元素	典型案例	价值塑造
第二章	2.1 土壤矿物 2.3 土壤固相的物理诊断特性 2.2 土壤有机质	土壤固相物质的来源与演变；土壤有机质的来源与演变；生物界与非生物界的联系	地方病；森林土壤与草原土壤有机质含量的分布特征	辩证唯物观；科学精神；人地和谐观
第三章	3.1 土壤空气及其运动 3.2 土壤热量状况 3.3 土壤水分及其特性 3.4 土壤分散系及其特征 3.5 土壤肥力与生态环境功能	土壤与大气圈的物质循环与能量转化；土壤与水圈的物质循环与能量转化；土壤的生态环境功能	土壤与气候变化；土壤的生态环境功能；土壤肥力概念的发展	辩证唯物观；科学精神；人类文明；人地和谐观；可持续发展观
第四章	4.1 道库恰耶夫成土因素学说 4.2 土壤形成的气候因素 4.3 土壤形成的生物因素 4.4 土壤形成的母质因素 4.5 土壤形成的岩石圈(地形)因素 4.6 土壤形成的水圈(水文)因素 4.7 土壤形成的时间因素 4.8 土壤形成的人为因素	土壤与大气圈、水圈、岩石圈及人类的相互作用	水稻土；石漠化的形成、演变与修复	家国情怀；辩证唯物观；责任担当；人文素养；科学精神；人类文明；人地和谐观；可持续发展观

续表 10-4

章节	内容	课程思政元素	典型案例	价值塑造
第五章	5.1 土壤形成过程的概念 5.2 基本土壤形成过程 5.3 土壤剖面形态特征 5.4 土壤的个体发育和演替	地质大循环与生物小循环的对立统一；土壤的个体发育和演替	岩溶区土壤高镉含量与长寿之乡的矛盾	辩证唯物观；科学精神；人地和谐观
第六章	6.1 土壤分类概述 6.2 中国土壤分类 6.3 国际土壤分类的发展	中国土壤分类系统(发生分类、系统分类)；国际主要的土壤分类系统	我国科学家对水稻土分类的贡献；中国土壤分类的世界地位；世界主要的土壤分类系统	家国情怀、辩证唯物观、责任担当、科学精神、
第七章	7.1 森林土纲系列 7.2 草原与荒漠土纲系列 7.3 水成型土纲系列 7.4 过渡土纲系列 7.5 岩成型土纲系列 7.6 人为土纲	各土壤类型的发生区域、过程、剖面特征及其开发利用；人类活动对土壤的影响	土壤的合理开发与利用；人类活动对土壤的影响	家国情怀；辩证唯物观；责任担当；人文素养；科学精神；人类文明；人地和谐观；可持续发展观
第八章	8.1 土壤类型及其分布规律 8.2 土被结构 8.3 土壤区划	土壤的地带性、非地带性分布规律；土壤区划	黑土的保护问题；南方红壤治理问题；土壤区划	家国情怀；辩证唯物观；责任担当；科学精神；人类文明；人地和谐观；可持续发展观

续表10-4

章节	内容	课程思政元素	典型案例	价值塑造
第九章	9.1 土壤资源及其特征 9.2 土壤质量评价原理 9.3 土壤资源可持续利用对策	我国与世界土壤资源概况与比较；土壤质量评价过程；土壤资源现状、问题与可持续利用	盐碱地的开发与利用；土壤污染；土壤退化	家国情怀；辩证唯物观；责任担当；人文素养；科学精神；人类文明；人地和谐观；可持续发展观
第十章	10.1 土壤地理调查 10.2 遥感技术在土壤调查中的应用 10.3 土壤—地形数字化数据库(SOTER) 10.4 土壤数据库简介 10.5 中国土壤系统分类自动检索系统	土壤地理调查；信息地理技术在土壤中的应用；我国与世界上主要的土壤数据库	第三次全国土壤普查；大国土壤数据库；遥感在土壤地理调查中的应用	家国情怀；辩证唯物观；责任担当；科学精神；人地和谐观；可持续发展观

10.3.2　课程思政融入土壤地理学课程教案

以土壤地理学第一章内容为例，介绍将课程思政融入课程教案。本章节内容主要有土壤的基本概念、土壤圈与全球变化、土壤圈演化与人类社会的发展、土壤地理学简介、土壤地理学的发展简史五个方面。课程思政融入盖章教案过程如下。

(1)融入课程目标

本章内容的知识目标为：①掌握土壤的概念与形态特征；②了解土壤圈与地球表层系统相互作用；③了解土壤圈的生态环境功能；④掌握土壤地理学及其主要学派；⑤掌握土壤地理学研究方法。

能力培养目标：①知识迁移能力；②知识串联能力。

(2)挖掘课程思政元素

本章内容的课程思政元素有：①了解土壤认知的历史演变；②了解土壤与人类社会；③了解土壤与全球变化；④了解国际土壤研究进展。

(3)融合知识目标、能力培养目标及思政元素，构建课程思政目标

①家国情怀；②人地和谐观；③可持续发展观。

(4)课程设计与案例准备

在土壤的基本概念部分内容中，有关于土壤的概念形成过程，我国对土壤的认识历程，对土壤概念的贡献内容，在此部分融入课程思政元素了解土壤认知的历史演变、了解土壤与人类社会。并据此准备北京中山公园社稷坛五色土、我国土壤科学家对土壤概念的贡献等相关素材。

10.3.3 土壤地理学课程思政课堂教学

在讲授土壤的概念发展时，通过信息技术(照片素材、视频素材)全方位展示北京中山公园社稷坛五色土，完整展现我国古人对土壤的认识，包括功能、分布、利用与保护等。面向学生，阐述我国土壤科学发展历程、利用与保护成果，激发学生的家国情怀、人地和谐观和可持续发展观。

10.3.4 土壤地理学课程思政效果评价

本章节内容通过课堂互动和学生的课堂反映，可直接评价出课程思政目标的达成度。如该节课堂上，当给学生们教授和呈现完相关内容和素材时，学生们现场的“哇”声一片，以及学生在互动中会多次表述“我们国家……”，均可直接体现出课程思政价值的良好实现。

10.4 小结

本章挖掘了地理学专业基础课课程思政的八大塑造价值，即家国情怀、辩证唯物观、责任担当、人文素养、科学精神、人类文明、人地和谐观、可持续发展观。构建了地理学课程思政建设的“五融入”路径，并以土壤地理学为例，示范了地理学课程思政的实施路径。

参考文献

[1] 刘鹤，石瑛，金祥雷. 课程思政建设的理性内涵与实施路径[J]. 中国大学教学，2019(3)：59-62.

[2] 傅伯杰. 地理学：从知识、科学到决策[J]. 地理学报，2017，72(11)：1923-1932.

[3] 陈发虎，李新，吴绍洪，等. 中国地理科学学科体系浅析[J]. 地理学报，2021，76(9)：2069-2073.

[4] 冷疏影. 地理科学三十年：从经典到前沿[M]. 北京：商务印书馆，2016.

[5] 傅伯杰. 联合国可持续发展目标与地理科学的历史任务[J]. 科技导报，2020，38(13)：19-24.

[6] 葛全胜，方创琳，江东. 美丽中国建设的地理学使命与人地系统耦合路径[J]. 地理学报，2020，75(6)：1109-1119.

[7] 蔡运龙. 自然地理学与人文地理学：各尽其能，共克难题[J]. 热带地理，2024，44(1)：13-15.

[8] 宋存霞，张童，陆道坤. 论精准课程思政的内涵、机理与实施路径[J]. 中国职业技术教育，2023(20)：38-46.

第 11 章

面向产业需求的 GIS 开发课程教学改革

11.1 地理信息产业的发展需求

地理信息产业是一个跨政府、跨市场的复合行业，同时又是一个多学科融合新一代信息技术的新兴战略产业。国内外地理信息企业纷纷将地理位置和自然资源数据与人口、交通、旅游等数据进行智能化的融合应用，推进各行业智慧发展的进程。政府部门、规划设计和地理信息企业及互联网、物流等新业态的创新企业，需要大量的既具备扎实自然资源专业基础，又懂数字技术的专业人才。地理信息科学专业是信息产业发展需求下，解决地理信息产业化和信息化空间化的地理学重要分支之一[1]。据中国土地学会、中国地理信息产业协会等粗略统计，每年自然资源行业对 GIS 专业人才的需求超过 10 万人。因此，迫切需要培养面向自然资源领域的地理信息科学（GIS）专业人才，以适应新时代自然资源事业的需求[2, 3]。GIS 开发课程是培养 GIS 专业学生运用数字化技术对各种形式的地理信息进行加工、处理、开发和服务的一门重要课程[4, 5]。该课程在强化学生对地理信息系统原理与应用、面向对象编程与设计原理与应用，以及 GIS 二次开发理论等知识深入理解的基础上，重点传授学生与地理信息相关的软件工程设计的理论与技术，以及地理信息系统二次开发的原理、方法与步骤。通过设置综合性的地理信息系统实验，使学生能将计算机技术与地理信息科学原理融会贯通，熟练掌握面向对象编程的原理与方法，掌握地理信息工程项目设计的过程与步骤，从而形成严谨的逻辑思维和推理能力。通过小组式和项目式的训练，还可以增强学生们的项目团队合作意识与团队协作能力。

具备 GIS 开发设计能力是地理信息产业发展对地理信息科学专业人才的首要需求，也是最迫切的需求。因此，GIS 开发课程的教学方式必须迎合信息时代的产业发展要求，不断创新教学模式和深化实践性教学，使得学生在掌握地理信息科学原理与技术的同时，强化计算机科学基础及对信息科学系统性的认识，形成完整的知识与技能链条。充分培养学生自主研发的能力，提升其熟练运用地理信息技术解决地理信息产业领域实际问题的能力。本书探讨一种在地理信息产业需求背景下，地理信息产业领域的企业紧密合作，开展实践性的 GIS 开发课程全新教学模式。

11.2　课程建设的目标和内容

11.2.1　课程目标

基于地理信息行业企业的产业任务需求，借助计算机软件开发平台和地理信息系统二次开发工具，在项目需求的职称下，培养学生自主完成地理信息系统平台的开发，以实现地理信息的存储、编辑、分析、展示、输出等主要内容。培养学生对地理信息系统软件的设计与开发能力、对现有计算机技术和软件的操作与应用能力，使其能从对理论知识的理解上升到对实践性技能应用以及融会贯通的层次。

11.2.2　教学手段

合理运用现代信息技术手段，结合地理信息行业实际工程项目需求，建立“理论教学+课堂实验+产业实践”三个层次的课程体系。把以课堂传授知识为主的学校教育与直接获取实际经验、实践能力为主的项目开发模式有机结合融入项目开发实例进行讲述；随堂实验所需的实验素材依托地理信息产业合作企业来设置，建立包含实验素材、实验方法和实验步骤讲解的“GIS 开发”的线上教学资源库，利用线上资源数据库开展线上线下相结合的课程教学，建立 GIS

开发实验资料库，从而满足随堂实验要求。开发课程内容注重数字化技术、编程方法、软件工程开发模式、信息管理等各个环节的整体性设置，并在此基础上选择与企业生产项目需求相结合的综合实践项目，采用接触实际 GIS 建设项目的方式帮助学生实现 GIS 专业技能的内化和继承，通过提高学生的工程素质来提升 GIS 专业学生系统开发的整体水平。

11.2.3 课程对培养目标的支撑

以地理信息产业的创建为契机，秉承“产—学—研—用”相结合的教学理念，为地理信息科学与信息科学技术应用有机融合提供良好的理论探讨、指导和实践操作平台，为不断深化地理信息科学改革与创新实践。以实习基地和项目参与的形式建立长效合作机制和平台。联手产业学院相关企事业单位、创新创业公司等更多利益相关方，通过参与实际生产项目来完成实践性实验课程的模式，来考验和磨砺 GIS 专业学生的开发水平，为各部门、行业和产业定向输送 GIS 专业人才，同时为创立高校 GIS 专业的良好品牌专业形象奠定社会基础，推动 GIS 专业品牌的树立。

11.3 现有教学模式的局限性

11.3.1 课程授课形式偏重讲授而缺少实践

当下高校实验性课程教学模式大部分仍停留在以教师为中心，这种教学模式忽视学生的主体作用。学生往往按现成的数据和给定的方法步骤才能按部就班、依葫芦画瓢去完成一个实验。这种被动的学习方式很大程度上依赖于教材或教师给出的详细实验步骤，没有充分发挥学生的积极性和主动性，即使完成实验也是知其然而不知其所以然，没有真正动脑筋去独立设计和分析实验。学生对 GIS 开发知识技能并没有实现真正的内化，对地理信息系统的开发也缺乏设计性和创造性。

11.3.2 实验设计偏重针对知识点而忽视整体性设计

GIS 课程实验的设计应该是综合性的，既需要考虑到知识点的覆盖，也需要关注实验的整体性设计。教师在进行实验课程计划时，仍较为注重讲述过程，对标教学大纲中的知识点，以“点对点”的传统讲授形式为主。在数据组织和处理环节，传统的 GIS 更多的是按照 Tomlinson 的思想，沿用地图数据处理的模式，未能从“面向图层”的设计和处理模式完全向“面向对象”转化。在数据组织上也未能很好地引入知识工程技术。实验设计只注重知识点，而忽略了实验的整体性和实际应用情境，使得学生难以理解和掌握 GIS 系统的综合运用和实际应用场景，学生缺乏综合性思考。例如 GIS 开发环节中涉及地理数据编辑、查询、存储、空间分析以及地图制图等知识节点。这些知识之间的教学案例缺乏系统性和连贯性，GIS 开发的教师指点只是课程学习中的基础环节，并不能涵盖全部，学生除了需要掌握知识点，掌握 GIS 关键模块的开发技术能以外，还需有整体性的思维，实验缺乏整体性的设计，可能导致实验之间的联系性较差，学生难以将各个实验相互联系起来，从而缺乏系统性的认知。只注重知识点的掌握，而忽略了学生的实践能力和应用能力的培养，无法满足学生实际需求和社会发展对 GIS 人才的要求。软件工程通用的整体开发流程对 GIS 开发来说同样重要。除了必备 GIS 开发技术以外，还应教会学生在整个信息系统的设计开发流程从需求分析到设计、编码、测试部署和维护过程中涉及的原理和规则均需要明晰。

11.3.3　课程未能紧扣地理信息产业发展需求

地理信息产业是一个新兴的领域，随着技术的不断发展和应用，这个领域的需求和变化也在不断增加。因此，对于地理信息产业相关的课程来说，紧扣产业发展需求是非常重要的。课堂的实验过程未能紧扣地理信息产业发展需求，所展现出来的突出问题主要有以下几点：一是课程内容实用性不高，课程内容过于理论化或过时，教学大纲更新不及时，教师选用教材陈旧、讲义课件陈旧等，无法满足学生在实际工作中所需的技能和知识，导致课程内容的不实用。例如 GIS 二次开发的时候仍采用 C/S 框架，在传统的 VS 框架或者借助 ArcGIS 老版本的二次开发工具进行。所采用的软件系统与当下的操作系统甚至会存在兼容性问题。学生学到这种明显与时代脱节的教学内容也必然是与社会需求脱节的。二是课程内容与行业不匹配，课程内容无法做到与地理信息产业的实际需求和发展方向匹配，学生学习该课程后不能很好适应这个领域的工作环境，无法满足企业的实际需求。三是课程内容不与实际需求相符，学生则会觉得这个课程无趣或者无用，导致学习兴趣不高，从而影响学习效果。因此，地理信息产业相关的课程，应该紧扣行业需求和发展方向，结合实际案例和项目，注重实践操作，使学生学到的知识和技能能够直接应用到实际工作中，提高学生的职业竞争力。同时，也应该密切关注行业的发展趋势，不断更新和优化课程内容和教学方法，保持课程的前沿性和实用性。

11.4 教学模式的改革方向和举措

11.4.1 教学形式多样化，立体化设计实践教学环节

在充分掌握开发原理和技术的基础上，设计 GIS 开发课程应更加着重对学生实践能力的培养。一方面，可以通过引入项目实战的方式，将课程与自然资源数字行业产业实际项目相结合，引导学生在项目中应用所学知识，了解软件开发过程和项目管理方法，提高学生的实践能力。可以通过邀请自然资源数字行业企业或者相关行业的人士来讲解实际项目，让学生在实战中深入了解行业需求和技术发展。另一方面，可以进一步增加课程实验环节的学时比重，让学生动手操作，编写代码、调试、运行程序，掌握软件开发过程中的具体技能和方法。通过自主设计小型的实验项目，让学生逐步熟悉软件开发的流程和工具，从而提高实践能力。实现整个数字化技术、编程方法、软件开发以及信息管理等每一个 GIS 开发的环节教学内容的立体化设计。例如，在数字化环节要强调训练学生学会如何处理和解析空间数据的采集、地图的数字化、遥感图像等技术；在编程技术上，学生应重点掌握进行自动化处理和分析地理数据的方法，既要掌握学习如何使用主流编程语言(例如 Python、JavaScript 等)编写 GIS 脚本和程序，完成数据处理和分析自动化 GIS 任务、批量处理数据以及构建地理模型等方法，还应掌握 API 的开发使用，如 ArcGIS API for JavaScript、QGIS Python API 等工具开发定制的 GIS 应用。在 GIS 开发工具的使用上，既要懂得主流组件式开发技术的应用(例如 ArcObjects、PyQGIS 等)，也需要了解使用 WebGIS 技术(例如 Leaflet、OpenLayers 等)进行在线地图的开发。

11.4.2　合理设计综合实训，强化开发技术的整体性

综合实训指的是一种融合多种学科知识的综合性实践教学方式，它可以采用多种形式和方法，如项目设计、实践操作、综合性实验等。以综合实训为载体，提升学生的启发性和整体性思维能力主要可以通过以下几个方式：首先，在综合实训设计时，应明确目标和任务，以便更好地帮助学生掌握相关的知识和技能，选择与地理信息产业相关的实训内容，让学生能够在实践中综合应用所学知识和技能，解决行业产业的实际问题。其次，强调团队协作，综合实训往往需要学生合作完成，因此要强调团队协作和沟通能力的培养，可以采用小组合作的方式，将学生分成小组，每个小组负责一个综合实训项目，参与整个需求分析到软件开发的过程，从而使他们能更好地理解团队协作、项目管理、沟通协调等方面的技能，提高实践能力和团队合作能力。让学生在实践中能够相互合作，互相学习，共同完成任务。最重要的是，在实训过程中要强调系统化的思维，GIS 开发需要对整个系统有全面的认识和理解，尤其注重设计阶段的培养，让学生能够掌握系统设计的方法和技巧，提高 GIS 软件系统的设计质量和整体性思维。同时，课程中注重学生的自主探究和创新能力的培养，鼓励学生在项目开发中寻找问题，探索解决方案，还可以通过鼓励学生参与开源项目的方式，积极参与开源项目，了解和学习优秀的代码实践和开发思路，从而提高启发性思维。

11.4.3　立足自然资源数字产业需求，打造人才培养责任共同体

建立“理论教学+课堂实验+产业实践”的课程体系。对接产业行业，针对自然资源数字化的具体需求，及时响应和修订完善 GIS 课程教学大纲，提高人才培养的前瞻性、引领性和针对性。依托高校、行业、企业专家组成的专业建设指导委员会，以培养适应信息化社会需求的复合型工程人才为目标。采用案例教学、项目驱动、实践操作等教学方法，让学生在实践中学习，提高技能和应用能力。深入理解自然资源数字产业的核心需求，包括数据管理、空间分析、资源优化等。邀请业界专家、企业代表等到课堂进行课程讲授和参与课程共建，使学生在学习过程中接触实际 GIS 建设项目，缓解学生在理论知识与工程项目实际之间脱节的矛盾，实现学生对实际 GIS 理论知识与专业技能的内化和继承，通过提高学生的工程素质来提升 GIS 专业学生的整体水平。充分发挥

与自然资源数字行业紧密联系的优势，除了共同设计制作实践教学内容和共同开发实践教学案例以外，还可以通过共建实训平台等方式，利用行业内资源提供丰富的教学资源支持，与相关行业和机构建立合作关系，共享数据和技术资源。建立共同评价教学效果的长效机制，促进课程教学体系更加契合行业应用，提升 GIS 设计与开发人才培养的针对性和有效性。

11.5 小结

GIS 开发课程是地理信息科学专业的核心课程之一，是地理信息科学专业应用型人才培养过程的重要环节。课程设计的合理与否直接与人才培养是否符合市场需求有直接关联。本书提倡采用创新的教学模式和教学方法开展 GIS 开发课程的教学和实训，并在教学、研究和应用的各个方面采取质量控制措施，以确保取得显著和独特的教育成果。以自然资源数字产业学院为依托，向产业问需求，向行业要资源，以产业发展技术需求为导向，充分利用行业需求和资源，坚持需求驱动技术发展。产业学院的校企合作方共同参与教学大纲制定，建立教学资源库，探索与企业联合研发课程机制，建立产学研结合的人才协同培养模式。通过实践项目训练，激发学生的创新和创业意识，提高学生的实践、创新和团队合作能力。全面提高 GIS 技术应用型人才培养质量，更好地服务区域经济社会发展和产业转型升级。

参考文献

[1] 胡潭高，马茜茜，张登荣，等. 基于科研创新驱动的 GIS 专业实践教学模式研究[J]. 地理信息世界，2016，23(5)：86-89.

[2]段炼，廖超明，陆汝成，等. 新工科背景下 GIS 应用创新型人才培养教学改革[J]. 广西师范学院学报(自然科学版)，2019，36(2)：163-166.

[3]吴二，蓝妮拉，鲁金金. "新工科"建设背景下地理信息科学专业应用技术型人才培养教学改革研究[J]. 大学，2021(47)：79-81.

[4]秦其明. 中国高校 GIS 专业核心课程设置问题的探讨[J]. 地理信息世界，2003，10

(4): 1-7.

[5]吴孟泉，张安定，王周龙，等. 从 GIS 竞赛看地理信息系统专业教学体系的构建与创新[J]. 地理教育，2013(Z1): 119-120.

[6]吴秀琴，李瑞改，王曼曼，等. 地理信息系统实践与行业应用[M]. 北京：清华大学出版社，2013: 3.

[7]何永健，王勇. "GIS 二次开发"课程教学手段探讨与实践[J]. 中国科教创新导刊，2011(23): 36-38.

[8]高彬，王洪峰. 新工科背景下非计算机专业计算机基础课程教学改革研究[J]. 大学教育，2022(12): 109-112.

[9]王琳，李明玉. 基于 GIS 专业的校企合作人才培养模式研究：以延边大学为例[J]. 河北师范大学学报(自然科学版)，2017, 41(6): 542-546.

[10] 卢远，罗国玮，梁玉莲，等. 新工科背景下 GIS 专业人才培养模式改革与实践[J]. 装备制造技术，2023(5): 163-165, 196.

[11] 陈莉，王卫红，夏清. 跨学科复合型人才培养的时代要求与实现路径：以西南科技大学地理信息科学专业为例[J]. 西南科技大学学报(哲学社会科学版)，2023, 40(1): 84-90.

第12章

课程思政融入地理学社会实践课程的建设探索

12.1 课程思政融入社会实践课程的内在逻辑

2020年，教育部颁布《高等学校课程思政建设指导纲要》（下称《纲要》）明确："全面推进课程思政建设是落实立德树人根本任务的战略举措""要紧紧围绕国家和区域发展需求，结合学校发展定位和人才培养目标，构建全面覆盖、类型丰富、层次递进、相互支撑的课程思政体系"。地理学研究面向广阔的自然世界和身边的人文社会，是培养家国情怀的优良学科素材，科学、恰当、自然地融入立德教育内涵是地理科学专业人才培养的重要内容[1]。地理学作为一门"经世致用"的学科，是开展课程思政实践探索的重要载体[2]。社会实践教学作为高校专业人才培养体系的重要组成，是培养学生良好行业规范，提高学生实践创新能力和综合职业素养的重要环节[3]。如何将课程思政融入社会实践全过程，让社会实践活动与课程思政同向同行，这是高校人才培养迫切需要解决的新问题。地理学专业课程中有大量的实践环节，开展行走在"田野"的课程思政是教学应有之义[4]。因此，本章以"乡村振兴与乡村地理"社会实践课程为例，尝试构建地理学社会实践课程思政教学体系，创设基于乡村振兴实践情境的社会实践课程思政的建设路径，以期为高校在地理学社会实践课程中开展思政育人工作提供参考借鉴。

课程思政，即课程融思政、思政寓课程，将思想政治教育元素，包括思想政治教育的理论知识、价值理念以及精神追求等融入各门课程，潜移默化地对学生的思想意识、行为举止产生影响[5]。课程思政元素融入社会实践课程是贯彻落实《纲要》的内在要求。《纲要》指出：社会实践类课程，要注重教育和引导学生弘扬劳动精神，将“读万卷书”与“行万里路”相结合，扎根中国大地了解国情民情，在实践中增长智慧才干，在艰苦奋斗中锤炼意志品质。对于地理学专业而言，开设乡村振兴与乡村地理社会实践课程，让学生深入乡村一线体察国情民情，感知国家重大发展战略和政策措施，体验我国脱贫攻坚伟大成就，从而更好地引导学生正确认识中国特色和国际差异，从而增强学生爱党、爱国、爱民的情感，增强道路自信和制度自信，勇于担当时代责任和历史使命。

开展社会实践是培养大学生求实创新精神的最佳途径。习近平总书记指出：“调查研究是谋事之基、成事之道，没有调查就没有发言权，没有调查就没有决策权”“要了解实际，就要掌握调查研究这个基本功。开设社会实践课程，能够让学生走出校园，置身于纷繁复杂的乡村现实中，使学生能够通过观察、沟通和思考来感知党和国家“三农”政策执行中可能遇到的现实问题。通过真实的调查情境，培养学生掌握正确的调查研究方法，提高调查研究工作本领。只有通过社会实践，开展调查研究，才能真正形成辩证唯物主义的世界观与方法论，才能找到解决现实问题的方法与途径[6]。

12.2 社会实践课程思政的设计

12.2.1 课程建设概况

“乡村振兴与乡村地理”是一门聚焦乡村振兴与乡村地理领域，融合专业教育与思政教育的社会实践课程。2016 年起，南宁师范大学承担了国家精准扶贫工作成效考核第三方评估工作，组织师生深入桂、琼、湘、滇、川等省区贫困地区，开展精准扶贫、乡村振兴和乡村地理调研，为各地区改进脱贫攻坚工作、建设壮美新农村积极建言献策。为全面落实立德树人根本任务，2018 年学校正式开设“精准扶贫与乡村地理”社会实践课程。脱贫攻坚胜利后，该课程与时俱进地更名为“乡村振兴与乡村地理”，拓展社会课程教学内容、丰富实践资源、优化实践方式和课程考核评价，加强社会实践活动的课程规范化建设。

12.2.2 课程思政育人目标

为达成育人目的，课程将通过思政育人、专业育人和实践育人的形式，在培养学生乡村地理学研究基本理论、研究方法的同时，深化其对中国“三农”现状及问题的认识，正确理解精准扶贫、乡村振兴等战略及政策，增强其服务社会的使命感、责任感，培养学生的政治认同、家国情怀与职业道德。其具体育人目标如下：深入体察国情民情，感受历史性成就，厚植家国情怀；正确认识国家重大发展战略，增强战略认同、政策认同，坚定“四个自信”；敬畏自然，增强生态文明意识，坚持人地和谐共生；严谨求实、勇于创新，勇攀科学高峰；团结协作，学以致用，培养“一懂两爱”“大国三农”情怀和爱岗敬业精神。

12.3 社会实践课程思政体系的构建

12.3.1 社会实践课程思政的体系设计

依托乡村振兴研究院和实践基地等平台，从课程的目标定位、实践内容、实践模式、实践方法、实践资源、教师团队等方面梳理课程思政教学融入点，将思政教育、专业教育、实践教育贯穿立德树人全过程，构建了包含定位与目标、内容体系、方法体系和支撑体系的社会实践课程思政教学体系[1]，创设基于乡村振兴实践情境的社会实践课程思政的建设路径(图 12-1)，推进具有地理学专业特色的课程思政体系建设，培养学生的国情认知、家国情怀、政治认同、科学素养、团队精神和实践创新。

12.3.2 社会实践课程思政的组织模式

社会实践课程的有效开展需要学校、教师、学生及实践基地等多元主体的支持和配合，也需要有效的活动设计和科学的组织安排[7]。学校成立乡村振兴研究院，组建多学科交叉融合研究团队，开展乡村振兴战略咨询服务，与滇桂黔石漠化区各地政府联建乡村振兴产学研实践基地。社会实践课程的组织实施包括实践准备、实践过程和实践总结三个环节。在准备环节，安排有课堂教学环节，主要讲授精准扶贫的中国实践、新时代乡村振兴战略、乡村地理学研究

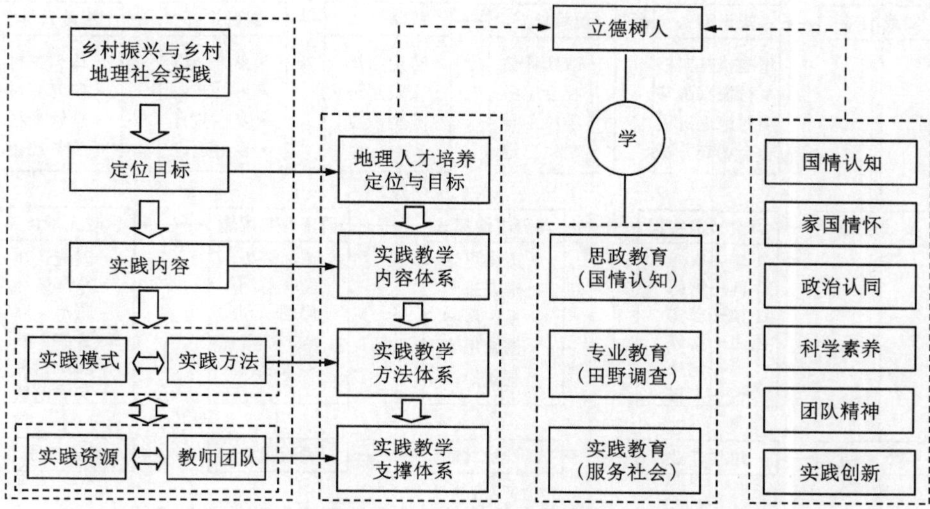

图 12-1　基于乡村振兴实践情境的地理社会实践课程思政的体系设计

进展、社会实践调查方法和报告撰写等内容。通过讲授教学或专题讨论，帮助学生了解基本国情、精准扶贫、乡村振兴战略及相关政策，熟悉乡村地理学研究进展，掌握地理社会实践调查基本方法与技能。

实践过程则结合精准扶贫评估、乡村振兴社会服务项目、学校暑期“三下乡”活动开展。组织学生以乡村振兴的热点难点问题作为调研课题，如乡村人口、乡村产业、乡村教育、乡村建设等领域问题。坚持以现实情境为抓手，以调查技能训练为要点，以培养调研思维为核心，以实践总结升华为重点，将思政教育融入社会实践全过程，指导学生在乡村振兴现实情境中思考“三农”问题的解决方案，践行辩证唯物主义的思维观，培养求实创新的科学精神，增强国情认知、价值认同、责任担当和家国情怀(图 12-2)。

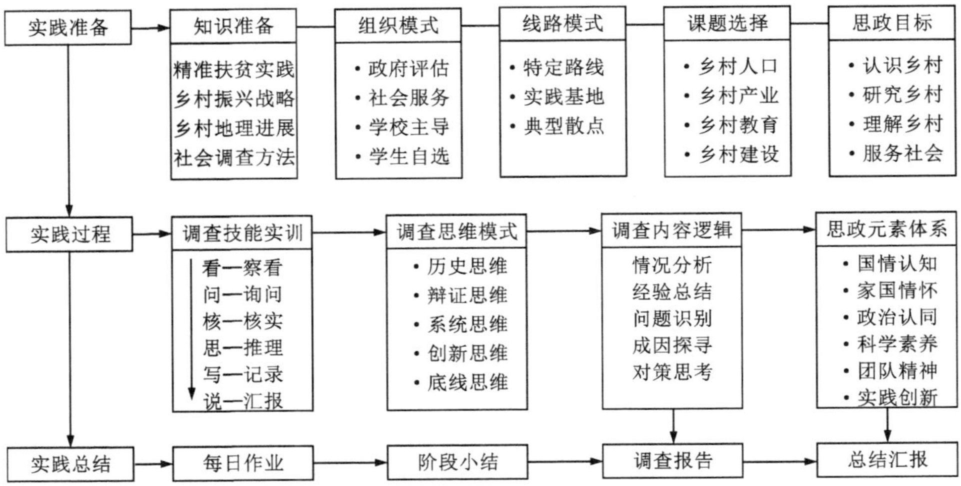

图 12-2　基于乡村振兴实践情境的社会实践课程思政的组织模式

12.4　社会实践课程思政建设的路径

12.4.1　抓好理论课堂，讲好中国脱贫攻坚故事，坚定“四个自信”

在课堂教学环节，设计中国精准扶贫、乡村振兴战略、乡村地理学和社会调查方法等专题模块，为实践教学做好知识储备。“精准扶贫的中国实践”专题模块：主要讲授中国精准扶贫、精准脱贫方略一系列的减贫理论创新、实践创新和脱贫攻坚的巨大成就，激发学生民族自豪感，增强民族自信心，引导学生笃信中国特色社会主义制度是脱贫攻坚全面胜利的根本保障。“新时代乡村振兴战略”专题模块：介绍乡村振兴战略的时代背景、重大意义、总体要求、基本原则、目标内容和路径选择等内容，引导学生正确认识实施乡村振兴战略的必要性，增强服务国家战略的使命感和责任感。“乡村地理学进展”专题模块：介绍乡村地理学的基本问题、学科传承与发展历史，解析中国乡村地理学不断响应社会经济发展和国家战略需求的学科进展、重点领域及取得的重要成果，勉励学生从国情实际出发，把论文写在祖国的大地上。“社会调查方法”专题模块：介绍社会调查理论、方法和技术及调查报告撰写，引经据典剖析调查研究为什么是党的优良传统和传家宝，培养学生体察国情民情的能力，追求实事求是的科研精神。

12.4.2　创新实践模式，系统渗透思政育人基因，提升育人实效

课程依托实践基地和特定路线，从社会现实场景入手，以培育和弘扬新时代中国精神为主线，立足实践基地和特定线路上的各种思政资源，构筑思政基因库，将课程思政基因融入实践课程的组织模式、教学大纲、教学设计等各方面，渗透于课堂教学、实践教学和实践总结等各环节。在实践过程环节中，课程团队持续推进课程的组织模式、线路模式和调研主题教学等改革创新，不断强化学生科学素养、实践创新和团结协作精神的培养，构建以“看—问—核—思—写—说”五步调查技能训练为抓手，以“历史思维—辩证思维—系统思维—创新思维—底线思维”帮助学生培养分析问题的科学思维，以“情况分析—经验总结—问题识别—成因探寻—对策思考”逻辑链构建解决方案，以“教师指导—分组调查—过程评价”为组织方式的地理学社会实践教学组织模式体系，组织好课程实践教学，促进实现学思用结合的教学目标，达成“认识乡村、研究乡村、理解乡村、服务社会”课程思政总目标。

12.4.3　扎实技能实训，引领学生培养科学思维，提升科学素养

乡村地理学是人文地理学的重要分支之一，其研究方法具有鲜明的实践性，社会调查方法是获取乡村信息的重要手段和方法[8]。在课堂教学环节，讲授乡村振兴实践情境下调查研究的课题选择、调查设计、抽样测量、问卷设计、访谈技巧、资料处理与统计以及调查报告撰写等社会调查知识，以小组形式开展问卷设计、抽样技术、访谈方法等讨论与训练，培养学生乡村地理调查能力。在实践过程环节，采用项目驱动教学法开展乡村地理调研实践[9]。以乡村振兴实践为情境，学生组成 4~6 人的小组，选择不同的乡村调研课题，深入乡村基层开展社会调查，通过“看—问—核—思—写—说”调研行动获取乡村地理信息，并运用“情况分析—经验总结—问题识别—成因探寻—对策思考”逻辑链解决乡村问题，从而实现既定的教学目标。调查活动中，全程需要跟基层的群众和干部进行沟通交流，小组成员间需要相互磨合、密切配合。既能提升学生沟通交流的能力，又能培养学生团结协作的精神。

12.4.4 发挥专业所长，社会服务融合实践育人，强化责任担当

聚焦国家脱贫攻坚和乡村振兴战略需求，学校组建精准扶贫评估团队，成立乡村振兴研究院，积极承担国家和地方脱贫攻坚第三方考核、评估、调研等重大任务。同时依托脱贫攻坚考核第三方评估项目，开设融合“社会服务+实践育人”的社会实践课程。几年来，教师团队带领学生顶着严寒、冒着酷暑，以较真碰硬、务实的作风和攻坚的精神，深入桂、琼、川、滇、湘等省区的贫困地区开展脱贫攻坚、乡村振兴调研，撰写并提交了评估报告，为国家和广西打赢脱贫攻坚战作出了重大贡献。在评估实践中，学生体察了国情民情，熟悉精准扶贫、乡村振兴等相关政策，掌握乡村地理调查的方法与技能；教师指导学生运用专业理论知识，把调研过程中的所见、所闻、所思、所感、所悟诉诸笔头，撰写了一系列精准扶贫调查报告。评估调研是一堂生动的国情实践教育课，评估调研开拓了师生们的视野，丰富了师生的国情认知，提高了学生的实践能力，强化了学生的家国情怀和责任担当。

12.4.5 强化过程评价，发展学生高阶实践能力，提高课程挑战度

“两性一度”(高阶性、创新性和挑战度)是一流本科课程的认定标准，过程性评价方法的运用有利于大幅增强本科课程的挑战度，过程性评价对于本科课程挑战度和建设一流课程具有重要意义[10]。“乡村振兴与乡村地理”社会实践课程采用以过程性评价为主，过程与结果评价相结合的多主体、多维度评价方式，即通过自我评价、小组评价、教师评价和社会评价等多种方式，综合评判学生的调查实践技能、团队协作精神、创新意识和综合素养。在学生每天作业、小组阶段汇报、调查报告撰写、实践总结汇报和科研小论文指导等各环节，均有教师从专业角度，为学生正确认识“三农”问题、准确理解精准扶贫和乡村振兴内涵及其相关政策提供指导，并对脱贫攻坚典型问题和成功案例进行补充分析和总结提升，培养学生的辩证思维和系统思维，提升学生解决复杂问题的综合能力和高阶思维。

12.5　小结

本章在分析社会实践融入课程思政的内在逻辑基础上，以乡村振兴与乡村地理课程为例，尝试通过思政育人、专业育人和实践育人相融合的模式，构建一套行之有效的地理学社会实践课程思政教学体系，创设基于乡村振兴实践情境的社会实践课程思政建设路径。经过实践检验，该课程思政模式在实践活动中取得了“润物无声”的育人效果。教学团队和学院先后荣获国务院扶贫办授予的“扶贫开发成效考核第三方评估先进集体”“全区事业单位脱贫攻坚记大功奖励”“全区脱贫攻坚先进集体”等荣誉。该课程建设也取得较好成果，2021 年入选自治区级本科一流课程，2023 年入选国家级一流本科课程。在今后教学实践活动中，还需根据教学反馈，持续优化课程的设计模式、组织模式，强化过程性考核的数字化建设，不断提高社会实践课程思政育人效果，构建新时代社会实践课程思政育人新格局。

参考文献

[1] 宋长青，刘静，潘峰华. “双一流”建设背景下北京师范大学地理学本科专业人才培养模式探索与实践[J]. 地理研究，2022，41(12)：3383-3392.

[2] 宋永永，张立伟，岳大鹏.《秦岭地理综合实践》课程思政模式与路径[J]. 地理教育，2023，346(4)：70-73.

[3] 张叶明，赵劲松. 课程思政融入医学院校社会实践教学路径的探索：以皖南医学院中药学专业为例[J]. 农垦医学，2023，45(1)：69-73.

[4] 王学俭，石岩. 新时代课程思政的内涵、特点、难点及应对策略[J]. 新疆师范大学学报(哲学社会科学版)，2020，41(2)：50-58.

[5] 马德林，毛悦颖，陈冲. 课程思政融入会计专业硕士社会实践教学的探索[J]. 商业会计，2023，751(7)：119-121.

[6] 谢枝文，李凤全. 行走在“田野”的课程思政模式与路径探索：以浙江师范大学地理学科为例[J]. 地理教学，2021(3)：4-5，24.

[7] 代鹏. 高校全过程开展社会实践工作探析[J]. 辽宁工业大学学报(社会科学版), 2023, 25(1): 93-96.

[8] 张海鹰. 社会调查方法在人文地理野外实践教学中的应用[J]. 高师理科学刊, 2011, 31(6): 105-108.

[9] 陈世海, 王军, 代伟. 项目驱动式专业实践教学探索[J]. 教书育人(高教论坛), 2018, 655(33): 94-95.

[10] 祝勇军, 成琼文. 过程性评价对本科课程教学效果的影响——国家金课的实验证据[J]. 商业会计, 2023, 752(8): 115-120.